読者の方々へ＊この図表は本書第Ⅰ部第３章「対話的保育カリキュラムの構造」に登場します。３章を読む際、この口絵を開いた状態にして活用してください。

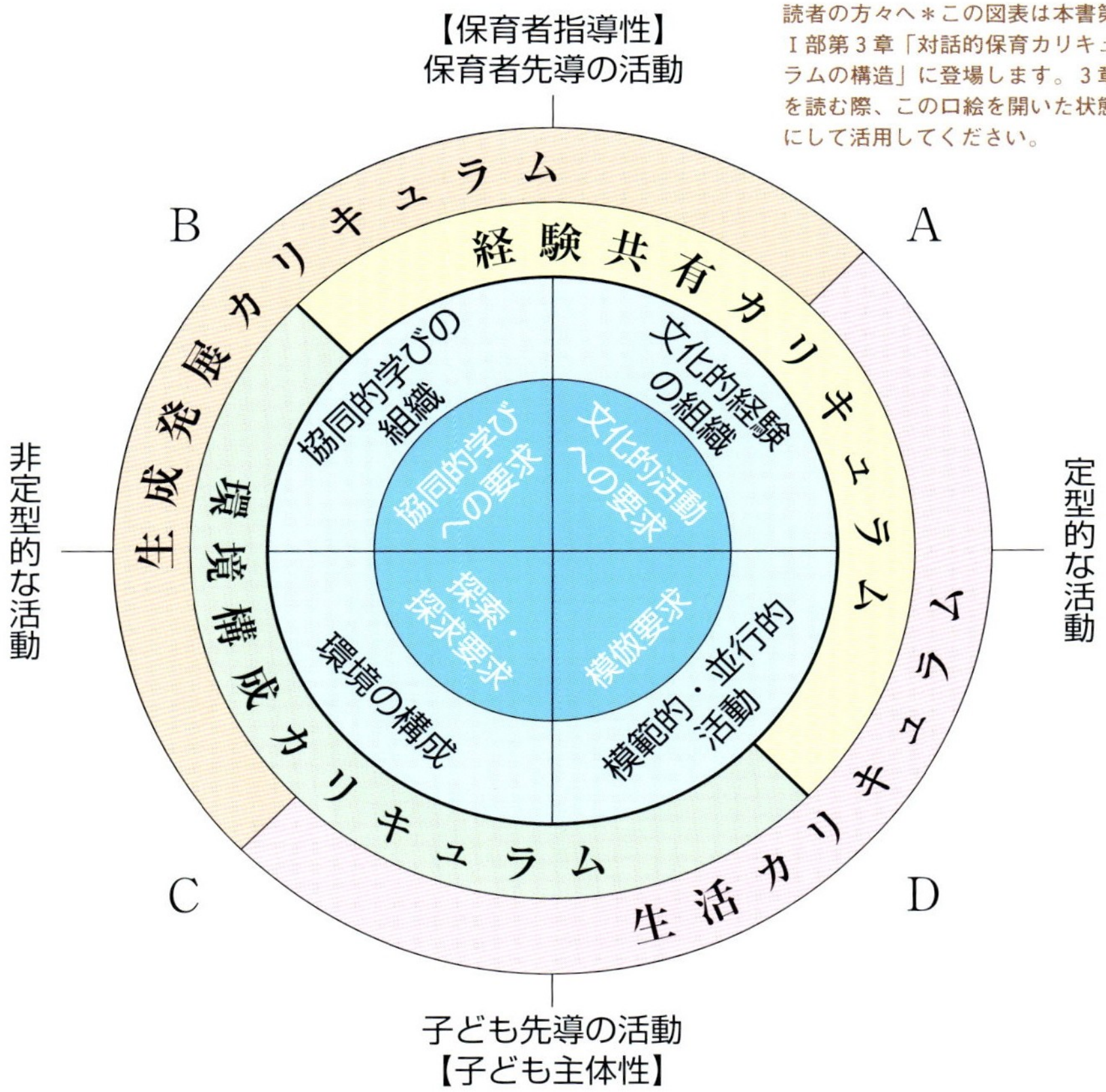

関係論と内容論で作られる４つのカリキュラム

対話的保育カリキュラムの構造

対話的保育カリキュラムの４類型

	形成する能力の目標	カリキュラムの特徴	保育者ー子ども関係	具体的活動内容
生成発展 カリキュラム	創造的想像力 【知の統合化】 【共同性・協同性の形成】	共通の価値・目標に向かって、「未完のシナリオ」を協同して完成させるカリキュラム	保育者と子どもとの協同的・相互主体的関係 保育者⇔子ども	プロジェクト 【文化創造活動】 【要求実現活動】 【総合的表現活動】
経験共有 カリキュラム	共感的知性 【共感能力の形成】 【物語的思考力の形成】	共感的関係を基礎に、経験・文化を共有するカリキュラム	保育者の計画性・指導性が主導する関係 保育者＞子ども	文化共有活動 【絵本・紙芝居・物語】 【音楽・手遊び・あそび歌】 【社会的・文化的経験】
環境構成 カリキュラム	探究的知性 【知的探究心の醸成】 【論理的思考力の形成】	豊かな環境の中で、子どもの興味・関心に基づきながら展開されるカリキュラム	子どもの主体性・能動性が主導する関係 保育者＜子ども	探索的・探求的活動 【自然への興味・関心】 【遊びの生成・展開】 【科学的・探求的活動】
生活 カリキュラム	身体的知性 【心地良い身体感覚の形成】 【心地良い生活文化の獲得】	体験の反復性を基礎に、心地良い身体感覚と生活文化を保障するカリキュラム	保育者の計画性・指導性が主導する関係 保育者＞子ども	生活文化の獲得 【基本的生活活動】 【日常的生活活動】 【飼育・栽培活動】

ほし2くみのアフリカシリーズ ④

「きりんとしまうま」

さく：つちやほのか　まえじまえま　おかだりな
しゃしん：とみうかえりこ

自分たちで製作したアフリカの世界（ジオラマ）でたっぷり遊んだあと、保育者と子どもたちで作った写真絵本シリーズ（全６巻）の４作目。本文84頁以降参照

きりんとしまうまが ソーセージをたべていました。
しまうまたちは おやこのきりんが よこどりにきたと かんちがいして
けんかになってしまいました。

❶

きりんとしまうまの けんかは とまりません。
きりんのこどもは こわくなって くさのなかに かくれてみていました。

❷

そのけんかを ちーたーが きのうえから じーっとみていました。

❸

けんかがおわり きりんのおやこが かわのほうへきえていきました。
すると ちーたーが しまうまめがけて きから とびおりました。

❹

しまうまはたおされて たべられてしまいました。

❺

けんかをしたきりんがもどってきて わるいことをしたなあと
かなしみました。 へびもそれをみていました。
しまうまをたべた ちーたーも ちょっとかわいそうなことをしたかなと
おもって そっとみていました。

❻

KatouSigemi
加藤繁美

対話的保育カリキュラム

上
理論と
構造

ひとなる書房

はじめに

本書は、対話的保育カリキュラムの理論と実際を論じたものである。

対話的保育カリキュラムは、「対話的」に展開される「保育カリキュラム」のことを意味するが、「対話的」と「保育カリキュラム」という二つの言葉をつなげた「対話的保育カリキュラム」の概念を理解するためには、「対話的」とはどういうことか、「保育カリキュラム」とは何か、という問題について、まずは共通の認識を作り出しておく必要がある。

「保育カリキュラム」は、保育実践における「計画と実践の総体」を表現する言葉である。一般に保育計画は、子どもとの関係をどう考え、その計画を具体的な実践としてどのように展開するかということで、実際には多様に変化することになる。したがって、実際の保育実践において作り出される関係性と、その展開過程を一体のものとしてとらえないかぎり、保育実践に関する議論はリアリティーをもたないことになる。そこで、これらをトータルに表現する用語として

「保育カリキュラム」という言葉を使おうというわけである。

そしてその際、保育者と子どもの関係を「対話的関係」で展開しようとする点に、「対話的保育カリキュラム」の特徴がある。

子どもとの「対話」は、子どものことを「意味を作り出す主体」としてとらえることから開始される。子どもたちの作り出す「意味」の世界を受け止め、保育者の思いを子どもたちに伝えていく関係が「対話的関係」だが、それは子どもの側からすれば、保育者の思いを受け止めながら、自分の思いを表現していく関係ということになる。

もちろん、いくら「対話的関係」が大切だと言っても、保育実践における保育者と子どもの関係が、完全に対等平等になるというわけではない。それは保育者の教育的配慮によって作られる関係に他ならないのだが、それでも「対話的関係」にこだわるのは、徹底した「対話的関係」の中で成長・発達を保障することによって、子どもたちを「対話的主体」に育てていくことを保育実践の課題と考えるからに他ならない。

ここでいう「対話的主体」は「対話的自己」と言い換えることもできるが、環境（モノ・コト）と深く対話し、人（他者）と心地良く対話し、そして自分自身と対話しながら活動する、「対話的人格」のことをさしている。

つまり、自分とは違う考えを持った相手を尊重し、対話的関係を通して共有しうる新しい価値を創造する人間を、乳幼児期から意識的に育てていこうとする点に、「対話的保育カリキュラム」

創造の目的があるということなのである。

本書は、こうした問題意識に基づいて、「対話的保育カリキュラム」を支える理論と、実際の展開過程を明らかにすることを目的に編まれたものだが、全体は以下の五部で構成されている。

第Ⅰ部　対話的保育カリキュラムの理論と構造
第Ⅱ部　対話的保育カリキュラムの三つのルーツ
第Ⅲ部　戦後保育カリキュラムの展開と対話的保育カリキュラム
第Ⅳ部　保育実践の現代的課題と対話的保育カリキュラム
第Ⅴ部　対話的保育カリキュラムの実際

これらのうち、第Ⅰ部と第Ⅱ部が上巻、第Ⅲ部、第Ⅳ部、第Ⅴ部が下巻となっている。第Ⅱ部と第Ⅲ部は歴史的研究となっているが、この部分は、幼稚園・保育園の現代的課題を考えるうえで重要な意味を持った内容になっている。

二一世紀の入り口に立った今、日本の幼稚園・保育園は、これまで私たちが経験したことのない規模の役割と期待を背負いながら、この社会に存在していると私は考えている。もちろんその社会的期待・役割の中に、これまで保育園が主として担ってきた労働力供給機能や貧困対策、家族支援といった福祉機能が含まれていることは否定しないし、深刻化する虐待問題への対応を含めた「子育て支援」機能が重要な意味をもっていることも確かである。しかしながらそれ以上に、現代の幼稚園・保育園が乳幼児の発達に対してかつてない責任を負っている事実を直視する必要がある。

本書はこうした課題に、「対話的保育カリキュラム」の理論と実践を構築することで応えていこうとしたものである。私自身はこれまで、同様の問題意識から『保育者と子どものいい関係』『子どもの自分づくりと保育の構造』（いずれも、ひとなる書房）という二冊の本を著してきたが、本書はこれら二冊の延長線上にあるということができる。

たとえば『保育者と子どものいい関係』は、本書のベースに流れている「対話的関係」を保育者と子どもの「主体—主体関係」として論じたものだし、『子どもの自分づくりと保育の構造』は、保育実践の目標を「子どもの自分づくり（自我形成）」の過程に位置づけながら保育構造論を提案したものであった。

これら二冊で提起した内容の大筋に変更はないが、保育目標論としての「自分づくり」を、さらに具体的に「対話能力」の発達過程として整理し、それを保育カリキュラム論（計画と実践の総体）として展開した点に本書の特徴がある。あわせてこれらの本を読んでいただければ幸いである。

二〇〇七年七月

加藤　繁美

もくじ◉**対話的保育カリキュラム上巻**　理論と構造

第3章　対話的保育カリキュラムの構造

＊下巻目次

序章　対話の時代の保育カリキュラム

1　じょうぶな頭とかしこい体になるために

五味太郎に『じょうぶな頭とかしこい体になるために』という本がある。「何をしたいか自分でよくわからないんだ」とか、「学校にはいかなくちゃいけないの?」といった子どもの疑問に五味が縦横無尽に答えていく、そんな内容の一冊なのだが、このやりとりが実におもしろい。

もちろん、個々の疑問に対する五味の回答内容が興味深いことも事実なのだが、それよりも何よりも、「じょうぶな頭とかしこい体」というフレーズを冠したこのタイトルがいいではないか。この短いフレーズの中に、現代教育が抱える本質的問題を、端的に表現したそのセンスに、もう脱帽といった感じなのである。

実際、二〇世紀の百年をかけて作り出してきた「学校化社会」は、子どもたちから「かしこい体」を奪う代わりに、「かしこい頭」を育てることに躍起になるシステムであった。乳幼児期から青年期までの二〇年間を、ひたすら「かしこい頭」を作り上げることに専念させられていった「気の毒」な子どもたちの現実を、五味は次のように評している。

とくに悪いことをしたわけでもないのにしかられる。ちょっとおもしろそうなことをやろうとすると、とめられる。それなりに自分ではやっているつもりなのに、がんばりなさい、しっかりしなさいなどと言われる。そして本当に悩んでいることについては、相談にのってくれる人が見あたらない。まったく子どもって気の毒です[1]。

もちろん、この程度の「気の毒」さなら、それは歴史の中で多くの子どもたちがくりかえし体験してきたことであり、けっして現代社会に特有の「気の毒」さではないだろうと反論する人がいるかもしれない。

それはたしかにそのとおりである。しかしながら五味は、現代社会の教育問題は、そうやって子どもを追いつめている大人たちが、この社会を生きることの希望や喜びを見出せないでいるにもかかわらず、相変わらず子どもたちには旧態依然とした教育を押し付けている点にあるとして、さらに問題を次のように指摘している。

そして、また、子どもを気の毒にさせておいてでも、大人の方はとりあえず幸せだというのなら話は、ま、わかりますが、当の大人たちもそう幸せそうではありません。やっぱり気の毒なのです。これじゃあ、子どもが気の毒をやっているかいがありません。そして大人自身が気の毒な状態だから、子どもをしかったり、文句を言ったり、指導にまわったり、むやみにはげましたり、勝手に愛しているふりをして、何とかごまかしているようにぼくには思えます。なんで大人がそこまで気の毒な状態におちいってしまったのか、理由はよくわかりませんが、その大人の気の毒が子どもの気の毒を生み出し、子どもの気の毒が大人をもっと気の毒にする、そんな感じ。いつまでたっても終わりそうもありません。(2)

大人たちの抱える「気の毒」さを再生産するシステムとして「教育」に期待が寄せられ、それに期待を寄せれば寄せるほど、「気の毒」な子どもを大量に作り出すことになっていく。そしてこうした負のスパイラル状況が深刻化する中、大人も子どもも、このシステムを必死に生き抜こうとするから、さらに問題は深刻になっていく。おそらくそんな感じで、現代の教育問題は深刻さを増幅させているのであろう。

もっとも、こうした教育の現実を批判するために、五味は「かしこい体」という概念を持ち出したわけではない。こうした現状に立ち向かっていくために、子どもたちに「じょうぶな頭とかしこい体」を獲得させることの重要性を、五味は提案しているのである。

自分で考え、自分で悩み、自分でしかり、自分をはげまし、そして自分を可愛がってゆくしかないのです。そのために、けっこうきつい問題でもなんとかこなせる〈じょうぶな頭〉と、好きは好き、嫌いは嫌いとはっきりわかる〈かしこい体〉が必要なんだろうと思います。

気の毒な大人があみ出した、かしこい頭とじょうぶな体になるための方法をまじめにやっていても、さらに気の毒になるしかないのです[3]。

もちろん青年期まで見通して考えたとき、こうした議論で、現実に存在するすべての問題を語りつくすことができているとは私も思わないし、学童期・思春期・青年期の発達課題にあわせた構造的な教育論が求められていることは、おそらくそのとおりなのだろうと私も考えている。

しかしながらそれでも、こと乳幼児期から小学校低学年期の教育に関して言えば、五味の提起する「じょうぶな頭とかしこい体」というスローガンは、かなり本質をついた教育論になっているように私には思えるのである。

それは何といってもこの時期が、人間として生きていくために必要な人格と知性の基本構造を形成していく時期であり、その構造は、まさに「じょうぶな頭とかしこい体」であることを基本とするからである。そして乳幼児期にしっかりとこうした人間的人格の構造を獲得しておくことが、やがて思春期・青年期を迎えたときに、意味ある力となっていくのだから。

2　保育実践の課題としての「かしこい体」

もっともそうはいうものの、乳幼児期に「かしこい体」を育てていくことは、現代社会においては決して容易なことではない。それは、「かしこい体」の形成を妨害するさまざまなシステムが子どもたちの前に立ちふさがり、そうした誘惑を振り払いながら自我形成をしていかなければならない困難を、すでに子どもたちは生まれたときから抱えていることに起因する。

たとえば、五味の言う「体のかしこさ」と「頭のかしこさ」の問題に関しては、すでにこれまで「知力」と「学力」の問題、「経験知」と「学校知」の問題、「形成」と「教育」の問題、「生活的概念」と「科学的概念」の問題として議論されてきたことでもあった。[4]

人間の「かしこさ」は、実体験を通して獲得する「かしこさ」と、意図的に組織された教育を通して学習する「かしこさ」の二重構造で構成されているということなのだが、このふたつの「かしこさ」が、その形成・獲得の道筋・方法においても、獲得された「かしこさ」の質においても、異なる性質を持っている点が重要である。

同様の問題を、五感がとらえる「感覚世界」（身体的知性）と、コトバで構成された「概念世界」（記号的知性）の二重構造で整理する養老孟司は、身体的経験として獲得された「感覚世界」は「違い」（異質性）によって特徴づけられるのに対して、コトバを媒介に獲得した「概念世界」は「同じ」（同一性）という働きによって特徴づけられると語っている。

考えてみれば、これは当然のことである。「体のかしこさ」を準備する直接経験は、あくまでも個人的な経験として子どもの中に意味を持っていくからである。つまり、偶然性、個別性、一回性、主観性を原則に、実際の経験は積み重ねられていくのである。

これに対して、「頭のかしこさ」を準備するコトバの世界（概念世界）は、常に共通性を確かめながら子どもの中に位置づいていくのである。それは、そもそもコトバというものが、一般化された概念を表現する機能をもっていることに由来するが、それゆえ「頭のかしこさ」は、必然性、一般性、安定性、客観性の共有を原則に、子どもの前に現われてくるのである。

重要な問題は、現代社会を生きる子どもたちは、この世に生れ落ちた段階から、「違い」を大切にする「感覚世界」よりも、「同一性」を大切にする「概念世界」を生きることを強いられている事実の中にある。発見や驚きや不思議心を刺激する自然との豊かな関わりを奪われ、多様で魅力的な人間関係に裏打ちされた実体験を奪われた子どもたちは、それに代わってテレビ、ビデオ、ゲーム、塾通いといった、マスメディアによってもたらされる多量の情報と、教授＝学習的関係に支配された人間関係に慣れ親しまされながら、幼い頃から生きていくのである。

これでは五味の言うように、頭と身体の「かしこさ」のバランスを、子どもたちが崩さないわけがない。

誤解してはいけないが、ここで私は、まず「身体を鍛えておけ」などという単純な議論をしようとしているわけではない。だいいち、それでは常識的な「強い体」になってしまうではないか。ここで求められているのは、あくまでも「かしこい体」なのである。

体のかしこさの特徴は、何と言っても、同じ感覚を誰一人共有できないことにある。つまり、その人しかもてない独自性（オリジナリティー）の中にこそ、身体的知性の特徴が隠されているのである。そしてその、かけがえのない個性的な体験が、それぞれの子どもの中に形成されるアイデンティティーの基礎となっていくのである。

ところが、乳幼児の生活に侵食し、それを支配すべく影響を与えてきたテレビ、ビデオ、ゲームといった情報とマスメディアの世界は、そうした個性的で身体的に展開される乳幼児の経験世界を、共通な記号の世界に簡単に置き換えてしまうのである。しかも、子どもの「身体性」を支配する形で……。

いや、問題はそれだけではない。二〇世紀後半に急速な勢いで形成された「学校化社会」は、可能なかぎり早い時期から子どもたちを「学校」的な世界へ連れていく雰囲気を助長し、塾・おけいこごと・通信教育という市場化された教育システムを伴いながら、子どもたちの知性と感性に襲いかかりつつあるというのが、乳幼児をとりまくもう一つの現実なのである。

そうした中、これまで子どもたちの「体のかしこさ」を形成するうえで大きな役割を果たしてきた地域社会が教育力を失い、家庭までもがその機能を大きく変容させてしまった。特に一九九〇年代に入るころから顕在化してきた、家庭の生活と親子関係の変化は、乳幼児の人格発達の構造までも歪めてしまう、深刻な事態を引き起こすところまで、問題を複雑に進行させた感がある。

おそらく幼稚園・保育園が、子どもたちの人間的発達を保障する場として、これほどまで多くの期待を寄せられた時代を、私たちは経験したことがないのではないだろうか。そしてそうした課題に応えるべく、保育実践の理論と実践を構築する課題に、保育に関わる私たちは果敢に挑戦していかなければならないのである。

3　物語生成としての保育カリキュラム

つまり、人間として生きていくために必要な人格の構造を、意識的に、しかしさりげなく、すべての子どもに育てることが、幼稚園・保育園の重要な課題として浮かび上がってきているのである。

そしてそうした課題に応えるためにも、現代社会が要求する保育カリキュラムの理論と実践イメージを明確にすることが重要になっているのである。

後に詳しくふれるように、保育カリキュラムは、保育実践展開過程における「計画と実践の総体」を表現する用語である。佐藤学の言葉を借りればそれは、保育者と子どもが創造する「教育経験の総体」[5]という言葉で概念規定することが可能なのだろうが、いずれにしても保育カリキュラムは、幼稚園・保育園で経験する子どもたちの「経験の履歴」であり、「発達の履歴」にほかならない。

つまり、幼稚園・保育園に入園した子どもたちに「経験」させるべき内容を「予定表」のように整理したものを「保育計画」と呼ぶなら、その「保育計画」の作成過程から、「計画」に基づいて実践を展開し、子どもとのやりとりを経て最初の「計画」を書き換えていく、計画作成からその後の実践展開過程を含む全過程を、「保育カリキュラム」という言葉で表現するのである。

もちろん問題となるのは、幼稚園・保育園で子どもたちに、いったいどのような「経験の履歴」を歩ませるかという点にあるが、私自身はこの点について、子どもの「自分づくり」の過程に対応させながら保育カリキュラムを組織することの重要性を強調してきた。

保育・教育の目標を「自分づくり」という言葉で語ったのは竹内常一が最初だと思うが、竹内はこの場合、「前思春期から思春期にかけての子どもたちにおける対人関係の組みかえと自己の解体・再編」[6]を表現する用語として「自分つくり」という言葉を使用している。つまり、『子どもの自分くずしと自分つくり』というタイトルで問題を提示した竹内の力点は、むしろ「自分くずし」のほうに置かれていたのである。

私自身は、こうした竹内の議論にも触発されながら、しかし乳幼児期が「自己」の構造をゆっくりと築いていく時期であることに着目し、乳児期から幼児期にかけて「自我」を誕生させ、「自分」に気づき、「自己決定」する力を獲得していく乳幼児の発達の姿を、「自分づくり」という言葉で呼ぼうとしたのである。

もちろんそれは、「自我形成」でも「自己形成」でも構わなかったのだが、主体的に「自分」と向き合う子どもたちを見ていると、やはり「自分づくり」という言葉がふさわしいように思えてきたのである。

たとえば子どもたちは、一歳半になると自分の中に生じた要求を「自己主張」として表現するようになってくる。しかしながらそうして出てきた「自己主張」の世界を、親や保育者がていねいに受けとめて意味づけ直していくうちに、子どもたちは大好きな親や保育者の言葉を、今度は「社会的知性」として自分の中に刻み込んでいく。

こうして子どもの中に形成されてくる自我世界を、アンリ・ワロン（Henri Wallon, 1879-1962）に学びながら私は、「自我」と「第二の自我」の二重構造で説明してきたが、二つの自我が矛盾・葛藤する三歳、四歳という時期を経過するとともに子どもたちは、やがて二つの自我をつなげて自己決定する「自己内対話能力」を獲得するようになっていく。そしてこうやって「自分」の世界を作り出していく発達の道筋は、子どもたちが、「自分」という物語を紡ぎながら成長していく姿と考えることができ、それはまさに「自分づくり」という言葉がピッタリの世界なのである。

こうした自分づくりの道筋を、「かけがえのない自分自身の物語[7]」を綴る子どもの姿として語ったのは渡辺弘純であるが、この渡辺の言葉を借りるなら、保育カリキュラムを創造していく営みは、それぞれの子どもに「かけがえのない自分自身の物語」を創りだしていく営みと考えることができるかもしれない。

誤解してはいけないが、ここでいう「物語」とは、イソップ物語とか、竹取物語といった特定の物語を指しているわけではない。それは「人生の物語」とでも言うべき内容のもので、幼稚園・保育園で出会う様々な経験を通して子どもたちが獲得する、「かけがえのない自分自身の物語」なのである。

たとえば集団保育をしていると、園生活の中で友だちに仲間はずれにされる子どもに遭遇することがある。寂しくて、悲しくて、辛くてしかたないのだけれども、それでも友だちと一緒に遊びたいという気持ちでいっぱいになる。そんな時、自分ではどうしようもないやるせない気持ちを抱えこみながら、子どもは砂場で山を作って遊んだりする。

もちろん、保育実践の中でそうした子どもの姿を保育者が放置しようはずはなく、何らかの救いの手を差し伸べることになっていくのだが、そうやって子どもたちが経験する出来事の一つひとつが、子どもの「かけがえのない物語」を構成していくのである。

一般に子どもが経験する「物語」には、このような形で展開する「体験としての物語（身体化

した物語）」と、「文化としての物語（記号化した物語）」という二種類の「物語」がある。(8)

前者の「体験としての物語」は身体の中に溶け込んでいく「物語」であり、それを言語化することは容易ではない。しかしながら子どもたちは、体験を通して確実に「意味」の世界を作り出しているわけであり、そうやって作り出した「意味」の世界を自覚させ、それぞれの子どもにとって「かけがえのない物語」に位置づけていくのは保育者の仕事である。保育実践の中でそれを図像化し、劇化し、言語化する営みを通して、「かけがえのない自分の物語」を豊かに育てていくことが重要になる。

これに対して「文化としての物語」は、歌や絵本や遊び歌といった「文化」を共有する営みを通して形成される「物語」である。「言葉」によって作られた「物語」を繰り返し聞かされることで身に付けていく「物語」世界だが、こちらのほうは共有された「物語」世界を、それぞれの子どもにとって「意味化」していくことが重要になっていく。

おそらくここまで書いていくと気づいてもらえると思うが、先に五味が「かしこい体」という言葉で象徴的に表現した世界は、「体験としての物語」と深くかかわりながら形成される「かしこさ」である。これに対して「じょうぶな頭」は、「文化としての物語」を共有する営みと関わりながら子どもの中に形成される「かしこさ」である。

本書は、これら二つの「かしこさ」を豊かに育てる営みを、保育カリキュラム論として展開しようとしたものである。それは別の言い方をすれば、それぞれの子どもに「かけがえのない自分の物語」を形成する保育カリキュラム論と言うこともできるが、私としてはこうした保育実践をていねいに創造することで、未来に向けて、仲間と協同して「物語」を創造する、そんな力をもった子どもたちが育っていくことを期待している。

つまり、モノと深く対話し、人と心地良く対話し、自分自身と対話する力を獲得した子どもたちが、仲間と共に未来と対話しながら生きていく、そんな子どもたちの「有能さ」を引き出す保育カリキュラム論の構築を目指して、本書の議論は展開されていくのである。

したがってこれから展開していく保育カリキュラム論は、現代社会が要求する保育カリキュラムの姿を、論理的・構造的に明らかにすることを目的に展開されていくのだが、もちろんそうだからと言って、構造化された保育理論を、構造的な保育計画に具体化し、その保育計画を忠実に実践していけばいいと考えているわけではない。保育者の頭の中に構造的に整理された理論が、子どもとの対話的な関係の中で柔軟かつ創造的に展開していく、発展する保育カリキュラムの創造が求められているのである。

さてそれでは、それぞれの子どもたちが、自分らしく、人間らしく生きていくための基礎となる力を、かけがえのない自分の「物語」を創造する営みの中で、いったいどのように保障していくことが大切なのか、議論を進めていくことにしよう。

〈注〉

（1）五味太郎『じょうぶな頭とかしこい体になるために』ブロンズ新社、一九九一年、一九〇頁

（2）同前

（3）同前、一九〇-一九一頁

（4）同様の視点から、本書で検討しているカリキュラム論に関しても、「教科カリキュラムVS経験カリキュラム」「教科中心カリキュラムVS生徒中心カリキュラム」「学問中心カリキュラムVS人間中心カリキュラム」という図式で語られてきた。またこれに関連して、「意図的に編成され明示的に伝達される知識の総体を顕在的カリキュラムというのに対し、教育の過程を構成する諸要素・諸活動が暗黙のうちに学習者に伝えるメッセージ・知識を潜在的カリキュラムと」整理されている。（藤田英典「学校と社会」『教育学入門』岩波書店、一九九七年、七二頁）

（5）佐藤学『カリキュラムの批評』世織書房、一九九六年、四頁

（6）竹内常一『子どもの自分くずしと自分つくり』東京大学出版会、一九八七年、三頁

（7）渡辺弘純『自分づくりの心理学』ひとなる書房、二〇〇〇年、三頁

（8）「教育」という営みを「物語論（narratology）」に関わらせて読み解く研究に関しては、以下の本が参考になる。鳶野克己、矢野智司編著『物語の臨界—「物語る」ことの教育学』世織書房（二〇〇三年）、浅野智彦『自己への物語論的接近』勁草書房（二〇〇一年）

第Ⅰ部　対話的保育カリキュラムの理論と構造

第1章

対話的保育カリキュラム論への誘い

1　保育計画は園の実践を映す鏡というけれど

幼稚園・保育園に代表される保育施設が社会的に営まれているということは、その園の保育実践が、意図的・組織的・計画的に展開されていることを意味している。

一般にそれぞれの園で合意された保育実践に対する意図性・組織性・計画性は、長期・短期に分類された保育計画の中に整理されることになり、この保育計画を見ることで私たちは、それぞれの園で展開される保育実践の内容を読み取ることが可能になってくる。つまりそういう意味で保育計画は、各園における保育実践の羅針盤として機能することが期待されていると同時に、その園の保育実践の質を映し出す鏡のような役割を果たしていると考えられている。

ところが保育者たちに聞いてみると、いくら立派な保育計画を立てても、その保育計画がそのまま保育実践の羅針盤として機能するほど、計画と実践の関係は単純ではないのだと言う。あるいは文章で整理された保育計画が、自分たちの保育実践を正確に写し出しているとはとうてい思えないのだと、これまた声をそろえて語り始めるのである。

ある人は、保育計画に書き込む目標（ねらい）に、どうしてもリアリティーが感じられないのだという。自分が保育の中で大切にしようとしているものを表現しようと努力してみるものの、何度書いても自分の書く保育目標（ねらい）が、実際に保育実践の中で大切にしていることとはズレてしまうのだと……。

またある人は、保育計画に書き込む「活動」と「目標」が、どうしてもスッキリとつながらないと、実践上の悩みを語ってくる。

たとえば五歳児を対象に、円形ドッヂボールの計画を立てたとする。五歳児になると、そうした勝ち負けを楽しむルール遊びに子どもたちが必死になることを知っている保育者は、個人的には積極的に取り組みたい活動の一つなのだと言うのだが、それでも、いざ目標を書こうとすると、やはり悩んでしまうのだという。

「ルールのある遊びを楽しむ」と書いても、「ルールを守って遊ぶ」と書いてもそれは一向にかまわないのだけれど、自分が実践の中で本当に大切にしたいこととは何か違うように思えて仕方ない。かといって、円形ドッヂボールを通して自分が本当にしたいことは何なのか、どれだけ考えても自分を納得させるだけの、スッキリした言葉に遭遇することができないのだという。

あるいは秋の運動会が終わり、子どもたちを園外保育に連れ出そうと散歩に行く計画を立てたとする。もちろんこの場合も、「秋の自然に親しむ」とか「自然の変化に興味を持つ」と書いたって良いわけで、その程度の作文で納得できるなら、何も深刻に悩んだりはしないのである。

しかしながら当の保育者にしてみれば、「自然に親しむ」といった抽象的で平板な目標のために園外保育を計画し、子どもたちを自然の中に連れて行っているのではないように思えてしまうのである。おそらくこれが、小学校の理科の授業で自然観察をさせようとするのなら、それほど悩みは生じてこないのだろう。観察のポイントも、その後の展開過程も、指導計画の中に明確に書き記され、そうやって立てられた指導計画に従って活動が展開していくことを、教師も子どもたちも自然に受け止めることが可能になるのだと思う。

ところが、保育実践の場合はそうかんたんにはいかないのである。同じように園外保育に出かけて行っても、そこで実際に保育者が大切にしようとしていることは、記述された保育目標とはかなり違ったものになってくるからである。

2　面白くなければ、保育ではない

たとえば次に紹介するのは、山口さんという男性保育者の園外保育（散歩）の実践である。親たちに配布する「クラスだより」をもとにまとめられた実践記録の一部だが、彼のクラスで展開される園外保育の実践は、「自然に親しむ」といった平板な保育目標ではとうてい語りつくせない、独特の空気・雰囲気に覆われているのである。

実際、山口さんの書く「クラスだより」を読んでいると、園外保育の過程で保育者と子どもとの間に作り出される「いいかげん」な雰囲気が、何ともいえない「心地良さ」として伝わってくるから不思議である。(1)

五月二十六日。その日は、これがまた天気の良い日で絶好のお散歩日和でした。子ども達も散歩に行きたいというので、久しぶりにお城の公園でも行ってアスレチックでおもいきり遊ぼうと思い、出かけることにしました。でも、いざ出発する時、ふと山口の頭をよぎったのはあの牛ガエルのこと。お城の公園は恐竜の池のすぐそばなので、それでもちょっと寄っていこうかと、雄平君のでかい網をもって出かけたのでした。

天気が良くて、子どもが行きたいと言ったという、ただそれだけの理由で散歩に出かける「気楽さ」もいいが、散歩先の近くに牛ガエルが住んでいるからという、これまたそれだけの理由で大きな網を持って牛ガエルを捕まえにいくことを思いつく、この「ひらめき」の「気軽さ」をいったいどう考えれば良いのだろうか。いやそれよりも、この実践は「保育計画」の中でどう位置づけられ、どういった意味づけのもと、組織されていると考えればいいのだろうか……。

もっとも、当の実践はそんな私の「真面目な」問いなどどこかに吹き飛ばしてしまう雰囲気で展開していくのである。そう、まさに「計画性」より「きまぐれ」(偶然性)を基本に、子どもとの間に作り出される「面白さ」のみ追求する感覚で……。

さてこの坂道を下れば恐竜の池という場所に来て、子ども達を集め、再度「今度はぜったい大きな声を出さないこと！」と厳重に注意。「ウン、ウン」とうなずく彰吾くんと寛人くん（前回、大声を出した二人）。そしてゆっくりと、下りていきました。ゆっくりと下りていこうと思ったら、子ども達がどんどん駆け足になるので、先にいかれてはマズイと、山口もだんだん駆け足になって、結局思いきり競争していました。（笑）

このように、保育者というよりむしろガキ大将という感じで実践は展開されていくのだが、それでもこの記録を読んでいると、ドキドキするような子ども達の息遣いが聞こえてくるから不思議である。そして私は、そんな形で流れていく大人と子どもの時間の進み方に、「これだから保育は面白い」と、思わず頬をゆるめてしまうのである。

何といっても面白いのは、見事に牛ガエルを捕まえた後、そのカエルを持って園まで帰る山口さんと子どもたちの姿である。山口さんが綴る「クラスだより」は、このあたりの状況を次のような言葉で表現している。

「ヤッタ！　ヤッタ！　ヤッタ！　ヤッタ！」と大合唱！　みんな大興奮です。その輪に山口も入って、みんなで何度も飛び上がって「ヤッタ！　ヤッタ！」と大喜びしました。

みんなおそらく、生まれて初めて触る牛ガエルです。網の中の牛ガエルを見て、「デケー！」と言った圭佑くん、智くん。牛ガエルを触って「気持ちワル」と言った穂乃佳ちゃん、小夏ちゃん。かえるを見て「気持ちイイ」と言った勇太くん、克至くん。

とにかく、とにかく、早く園に持って帰って、みんなに見せよう。

ケースも何も持ってきていなかったので、カエルはそのまま網の中。山口が逃げないように網の部分をクルッと一回転させて肩にかついで帰ります。その後ろに続く子ども達。帰る途中、遊歩道で出会う人はみんな網の中を見てギョッとした顔をしていました。そのことがちょっと得意だったりしました。


最後の、「ちょっと得意」げに歩いている山口さんと子どもたちの表情が、まさに目の前に浮かんでくるような場面なのだが、それにしてもこうやって展開される一連の保育実践を、私たちはいったいどのような保育実践論で説明し、一般化することができるのだろうか。あるいはこの実践の展開過程における「計画」と「実践」の関係を、いったいどのような言葉で整理することが可能なのだろうか……。

という感じで保育研究者としての私は、こうして語られる保育実践の報告を楽しく聞かせてもらう一方で、それを保育実践論としてどう整理していけばいいのか、思わず考えてしまうのだが、実はこれが意外と難しいのである。

たとえばこの牛ガエル捕りの実践は、いったいどのような保育目標に基づいて展開されているのかと考えた時、ぴったりする言葉がどうしても見あたらない。

あるいはこの実践が、いったいどのような計画に基づいて展開され、その教育的意味はどのように評価されることになるのだろうと考えても、やはりこれに対して明確な言葉を見つけ出すことはできないのである。第一、牛ガエル捕りは山口さんの子どものころの原体験をもとに、まさに「発見」と「思いつき」から始まったわけであり、これはどう考えても計画的な実践とは考えられない……。

3　生き生きした保育実践は対話的関係の中で

もっとも、山口さんの実践が保育者の「ひらめき」を契機に展開されたからといって、それが山口さんの「思いつき」のみに依拠して展開されているのかというと、それは明らかに間違っている。

実際にはこの実践、山口さんの中に形成された保育の哲学、思想、子ども観、発達観、教育観といったものをすべて含みこみながら、それらを瞬時につなぎ合わせる形で展開されたものなのである。つまり、自分が小さいころ体験した心地よい時間の流れや体験といった「身体化された物語」が、散歩先の情景や子どもたちの表情と瞬間的に結びついた時、「これだ」と山口さんの中に「ひらめき」が生じ、実践の原型がデザインされたということなのである。

たとえばこの実践を思いついたとき、山口さんのクラスには、家庭内にさまざまな問題を抱えて、なかなか自分をうまく表現できない子がいたという。あるいは最近どの園でも見かけるようになった、落ち着きがなく、すぐにカッとなる子どもたちも数人いたのだという。そんな子どもたちを、クラスの中にどう位置づけようかと考えていたとき、牛ガエル捕りの実践がひらめいたのだという。そんな実践家としての思いを、山口さんは次のような言葉で語っている。

最近、子どもたちが夢中で遊ぶ力が弱くなってきているのではないかと感じています。原因としては子どもをとりまく文化であったり、家庭環境であったりさまざまですが、それをすぐに変えることは、なかなか難しい。それより私はそんなものを吹き飛ばしてしまうような心躍る毎日を子どもたちに与えてあげたいと思っていました。(2)

もちろん、ここに記された子どもの問題と牛ガエル捕りがどう結びつくのか、実践の有効性を含めて明確に語ることは困難だと思う。そして同じ実践を他の保育者が取り組んだとしても、おそらくこうした時間の流れや、クラスの空気は生まれなかったに違いない。つまりこの実践は、子どもたちと山口さんとの間で作られた独特の関係を基礎に、「即興性（即応性）」と「対話性」に基づいて展開されているからこそ面白いのである。

乳幼児を対象に保育実践を展開していると、目の前の子どもたちとこんな感じで「即興性（即応性）」と「対話性」の関係に基づく、一回限りの実践を体験することがある。そしてそんな感じで対話的に保育実践が展開していくとき保育者は、「計画性」に基づきながら「安定性」と「反復性」の原理に基づいて行われる実践では味わうことのできない、ドキドキするような幸福な感覚を実感するものなのである。

こうした「即興性（即応性）」と「一回性」の原則に基づく実践は、これまでも多様な形で展開され、紹介されてきた。小さな実践も含めればおそらくそれは、保育者の数だけ存在するといっていいと思うが、「即興性（即応性）」と「一回性」の原則で展開される実践は一般化することが難しく、保育理論の中に正当に位置づけられてこなかった経緯がある。特にこうした実践は、いわゆる保育計画論とは対極のところに位置し、面白いけれども一般化することが困難な、そんなもどかしさとともにあったといって間違いない。

たとえば赤羽末吉の『おおきなおおきなおいも』という絵本で有名になった市村久子さんの実践など、その典型的な事例といえるかもしれない。

正式の表題を『鶴巻幼稚園・市村久子の教育実践による　おおきなおおきなおいも』とつけら

れて一九七二年に出版されたこの絵本は、まさにタイトルが示すとおり、市村さんの実践を耳にし、実際に子どもたちの描いた絵を見た赤羽さんが、その場で絵本化を思い立って作ったものだという。

そのエネルギッシュな子どもの想像力に驚き、模造紙八枚の壮大なるオイモに圧倒されました。そして私は、これは絵本になるなと思いました。なぜかといいますと、まず子どものすばらしい想像力がスピーディーに展開すること、そしてきわめて視覚的であり、変化に富んでいることで、私はただちに絵本化を思いたったのです。(3)

絵本作家の赤羽をして、「ただちに絵本化を思いたった」と言わせた市村さんの実践は、まさに絵本の内容そのものだったという。絵本のあらすじを紹介する赤羽さんの言葉をもとに、具体的な実践を想像してみることにしよう。

幼稚園でいも掘り遠足が雨で一週間のびた。そこで子どもたちはさわぎたてる。それをなだめて、先生が「おいもはね、一つねるとムクッ、二つねるとムクッムクッ、三つねるとムクッムクッムクッ、四つねて五つねて六つねて七つねると、おいもはいっぱい大きくなって、幼稚園の子ども早くこないかなあーと待っているわよ」というと、子どもたちは、その「おいも」こんなに大きい、もっと大きいと両手をひろげ、そのおいもかくから紙ちょうだい―と三十何人の子どもが、えんえんと紙をつないで、六、七メートルもあるまっ赤な大きなおいもをかいた。

そこで先生が、こんな大きなおいもどうやって掘り出すの、どうやってはこぶの、それからどうするの―と次から次へとひきだすと、次から次へと子どもは想像をひろげ、答えをひろげる。ついには、やきいもや大学いもにしてみんなで食べて、お腹がパンパンになって、ガスでロケットのように跳びあがり宇宙旅行する。[4]

おおきな　おいもを　ちいさく　きって
おりょうり　おりょうり
赤羽末吉さく・え『鶴巻幼稚園・市村久子の教育実践による
おおきなおおきなおいも』（福音館書店　1972）より

最後のロケットのところは赤羽さんの創作だというが、それまでのやりとりは市村さんの実践をそのまま再現したものになっているということである。

いも掘り遠足が一週間延期されたことをきっかけに、幼稚園の教室の中で、子どもたちの想像世界が広がり、それが共有されていく様子が、まるで手に取るように見えてくる、そんな実践である。

何といっても、いも掘り遠足に行けなくなった子どもの不満を、瞬時に子どもの期待へと発展させていく、市村さんの「ひらめき」がすばらしい。そしてそうやって子どもの中に拡大していく「期待」の感覚を受けとめながら、それをさらに「想像の共同体」とでも呼ぶべき状態にもっていき、結果的に縦七八センチ、横五・四メートルもの作品にまとめていく、その自然な展開過程が、心地良いではないか。

つまりここには、子どもの活動要求と保育者の教育要求が自然な形で響きあう、対話的な実践が存在しているのである。そしておそらくこんな形で、子どもと響きあいながら実践を展開していく、ドキドキするような感覚が保育実践の中核部分に流れている時、実践している保育者も子どもたちも、ある種の充実した感覚とともに、保育の面白さを実感することができるのだろう。

4　管理主義は、対話のない保育実践から

ところが、一方に山口さんや市村さんのように、子どもたちと響きあいながら展開していく対話的な実践があるかと思うと、同じように散歩や芋掘りに取り組んでも、まったく違う空気の下、展開させられていく実践がある。

たとえば次に紹介するのは、芋掘りに行った幼稚園児の姿を観察していた主婦が新聞に投書したものだが、こんな感じで展開される保育実践を、私たちはどう考えればいいのだろうか。

秋晴れのある日、近くの畑に二百人ほどの幼稚園児たちがイモ掘りにやって来ました。「おとなりの子と手をつないで」「おしゃべりしないで」「白い線の内側を歩いて」。長靴の音と「注意」する先生の大声が響くので表にでてみました。子どもたちは並んで腰をおろし、農家の人の話を聞き、次に先生の注意を聞いていました。

このイモ掘りのために、農家のAさんは二、三日前からつるをたぐって全部わきへ寄せ、今日は袋を用意して早くからまっていたようです。

そしていよいよイモ掘り開始です。つるを除かれていたイモだけになっていたイモは、案の定あっけなく掘り出されました。そして子どもたちはそのイモを袋の口を広げて立っている先生の所に運びます。それが終わるとまた先生の「まとめの話」があって、来たときのように整然と帰って行きました。

畑にはあちらこちらに大きくふくらんだ袋が残り、Aさんがそれを重そうにトラックの荷台に運んでいます。多分、園でひとまとめにしてから平等に分けられるのでしょう。(5)

もちろん、これはあくまでも新聞の投書に載った話であって、実際の保育実践はもう少し違った内容だったのかもしれない。そしてこんな事例をもって保育実践一般を語ることは、ひょっとしたら控えるべきなのかもしれない。

それにしても、なんと面白くない芋掘りの実践なのか。そして、なんと思想性のない実践なのか。ここには、とにかく体験させておけばいいという事務的な発想しかなく、子どもたちの心の中に生起する、ドキドキするような「面白さ」と対話する視点がまったくない。そしてこんな実践を、疑問の声をあげることもなく、ただ黙々とこなしている保育者たちは、いったい何を喜びに、日々の実践と向き合っているのだろうか。

こうした形で、たんたんと活動をこなしていく教育実践を「事務主義的管理主義」と命名したのは教育学者の城丸章夫であったが、城丸はこうした「事務主義的管理主義」に基づく教育（保育）の「事務化」「実務化」は、学校教育においてよく見られる「取締り主義的管理主義」より深刻な問題を内包していると指摘している。ここでいう「教育の事務化・実務化」とは、より具体的には「教育活動が子どもの心に働きかけるのではなく、事務でも行うかのように、機械的・形式的に行われていくこと」[6]を意味しているが、考えてみたら日本の保育実践においては、この「事務主義的管理主義」教育が、けっこう無批判のうちに展開されてきた経緯があるといえるかもしれない。

多くの子どもたちを、「手遊び歌」を歌いながら活動に誘っていく「技術主義」型管理保育。遊びやゲームの手法を駆使しながら、子どもたちを英語学習やフラッシュカードの世界へ連れて行く「五感刺激・早教育」型管理保育。そして毎年行っている行事や活動を、子どもたちの要求とは無関係に保育計画に書きこみ、ただそれを忠実に実践していく「惰性」型管理保育と、先の芋堀の実践と大差ない管理保育が、これまでも無批判のうちに行われてきたというのが、日本の保育実践の現実だったのである。

こうした「事務主義的管理主義保育」の最大の問題は、保育実践を展開する際、子どもの要求が考慮されていない点にある。一人ひとりが違った要求を持ちながら生きているはずなのに、保育者の思い通りに子どもたちを動かすことに、とにかく躍起になっているのである。つまり、保育者と子どもの間に「対話」が成立していないのである。

5　保育実践を規定する内容論と関係論

さて以上のように考えてくると、「どんな活動をしたか」という保育内容に関する事項に対して、「どんな関係で活動したか」という関係性に関わる問題が、相対的に独立した意味を持っているという事実に、私たちは改めて気づかされることになってくる。つまり、関係性そのものが、実は大きな教育的意味を持っているという事実に……。

もちろん、いくら関係性が重要だといっても、保育実践の場に抽象的な形で関係性が存在しているわけではない。関係性は、保育者と子どもたちとの間で、個別的・具体的な経験として、「即興性（即応性）」「柔軟性」「一回性」を原則に創出されるものなのである。

問題は、こうした「即興性（即応性）」「柔軟性」「一回性」を原則に創出される保育者と子どもの関係性と、保育計画とを、いったいどのように関連づけることができるかという点にあるが、これがけっこう難しい。

議論を困難にしている最大の要因は、旧来の保育研究においては、保育計画（内容）論と保育方法（関係）論とが別個に論じられてきた点にある。しかもそうした議論に責任を持つ保育研究者の大半が、この二分された議論のいずれかを受け持つ形で論を展開し、両者を統一的に議論してこなかったから、問題が深刻である。

たとえば保育計画論は、保育の目標・内容・方法を、いかに保育計画の中に書きこむかという点に責任を持ち、これはいちおう教育学者を中心に議論が展開されてきた。しかしながらテキスト等に記述されたそのほとんどの内容は、幼稚園教育要領や保育所保育指針の解説的文書であったり、外国の実践紹介であったりと、保育現場の悩みに科学的議論で応えていくところまで研究が発展させられてこなかった現実がある。

これに対して保育方法（関係）論のほうは、保育者の子ども理解と、指導（対応）に対する研究が事例分析という形で展開されるのが一般的で、保育実践記録論、保育者論につなげながら、かなり盛んに展開されてきた経緯がある。こちらのほうは、多くの心理学者や教育学者が、それぞれの視点から議論を展開していて、研究的にも蓄積が出てきた領域である。

ところが問題は、後者の研究を進める研究者は、前者の保育計画論に対しては責任を持たないため、せっかくの「子ども理解」や「関係論」に関する研究成果が、保育計画論の中に十分に活かされてこなかった点にある。

もっとも、こうした矛盾を克服すべく、保育計画は仮説に過ぎないという説明が、保育計画論の中で繰り返し行われてきたことは事実である。

保育者が保育計画にもとづいて保育実践をすすめていて、予期しない事態にたびたび遭遇します。そのとっさのときに、適切な判断（とっさの判断）が求められ、その判断が失敗だったり、成功だったりします。そこで、大切な点は、失敗、成功という結果に一喜一憂することではなく、子どもの状況に照らしてみて、保育計画や保育実践にどんな不十分さがあったか、成功の糸口は何か、うまくいかなかった原因は何かなど深くみつめ検討することです[7]。

保育計画を「仮説」として位置づけることの意味を論じる宍戸健夫の議論である。宍戸はさらにこの文章に続けて、保育計画と保育実践との間に生じる「矛盾や緊張」を「克服する営みをとおして、保育計画、保育実践が質的に発展する」ことを指摘しているが、この宍戸の指摘は、おそらくそのとおりなのだろうと私も考えている。

しかしながら問題は、この矛盾を克服する営みが、保育者の個人的な努力と力量の問題に帰結させられてしまいがちな点にある。つまり、保育実践を面白くするのもつまらなくするのも、すべて保育者しだいという感じで議論が展開していき、計画と実践の間に生じる「矛盾や緊張」を「克服する営み」が、保育計画・実践論の中に理論的に意味づけられてこなかった点に、これまでの議論の弱さがあったのである。

そうした弱点を克服するためには、保育計画の立案―保育実践の展開―実践の記録―実践の評価・反省―保育計画の再立案という一連の流れをトータルに表現する言葉が、どうしても必要になってくるのである。

もちろん、これまでの議論においてそうした必要性がまったく自覚されていなかったわけでも、そうした努力が行われてこなかったわけでもない。

たとえば、戦後カリキュラムブームに沸き立っていた一九五〇年代から六〇年代にかけて、保育計画の立案から実践の展開過程までをトータルに表現する言葉として「保育カリキュラム」という用語を意識的に選択し、使用してきた経緯がある。もっとも、その後の経緯の中で、しだいに保育カリキュラムという用語は保育計画と同義に理解され、使用されるようになってきたことも事実なのだが、厳密にいうと保育計画と保育カリキュラムは、別個の概念を表現する用語として理解されるべきなのである。

では保育カリキュラムという言葉は、いったいどのような概念を表現する用語として理解すればよいのだろうか。

保育カリキュラムは保育実践の展開過程における「計画と実践の総体」を表現する言葉である

結論から言えば、保育カリキュラムという言葉は、このように概念規定することができると思う。保育者が立案した保育計画が、個別・具体的な保育者―子ども関係の下で、独自の実践へと変化・発展させられていく、その道筋全体をトータルに表現する言葉、それが保育カリキュラムという言葉だったのである。

6　計画と実践の総体としての保育カリキュラム

実際、カリキュラムという用語を、教育計画と区別して使用することは、学校教育を中心に理論を構築してきた教育学の世界では「常識」に属する問題であり、教育実践や教育課程について議論するうえでは、前提的な知識として語られてきた経緯がある。

たとえばカリキュラムの概念を論じた教育学のテキストをひもとけば、そこには必ずといっていいくらい語源である「クレレ」というラテン語が紹介され、この語が学校教育の中に定着するようになった経緯が解説されている。

> 「カリキュラム」という用語は、もともとラテン語の「走路」を語源とし「人生の来歴」を含意する言葉であり、その名残は「履歴書」（curriculum vitae）という今日の用法にも刻印されている。「カリキュラム」が教育用語として登場したのは、大学の教育内容が国王や協会の統制を受けた宗教革命後の一六世紀のことであった。権力の統制に反発した大学が、定められた教育内容のコースを強制的に走らされるという揶揄を込めて「カリキュラム」と呼んだのである。こうして「カリキュラム」は教科の課程と組織を意味する用語として定着するが、一九世紀末のアメリカにおいて、教育行政と学校の権限の分離を背景として再定義されている。教育行政の規定する教科課程の大綱を「コース・オブ・スタディー（学習指導要領）」と呼び、「カリキュラム」は、学校において教師と子どもが創造する教育経験の総体を意味する言葉となったのである。この学校における「教育経験の総体」という「カリキュラム」の意味は、今日にいたるまでもっとも安定した定義となっている。[8]

カリキュラムという言葉が学校教育の中に定着してきた経緯を説明した佐藤学の解説だが、ここにはカリキュラム概念をめぐる重要な視点が二点にわたって整理されている。

一つは、教育行政が規定した教育内容の基準である「コース・オブ・スタディー（学習指導要領）」と、教師（保育者）と子どもの間に作られる教育的関係とを区別することを意図して、「カリキュラム」という用語が使用され、定着してきた事実である。このことは、保育実践のあり方を国家レベルで規定した幼稚園教育要領・保育所保育指針と、実際の保育実践の関係を考えるうえで重要である。つまり、要領・指針を「コース・オブ・スタディー」と考えるなら、各クラスで展開される具体的な保育実践を「カリキュラム」と呼ぶことができるわけだが、その場合、カリキュラムにはコース・オブ・スタディーとは相対的に独立した、独自の論理が存在するということが重要である。

そして二つ目は、カリキュラムという言葉が、語源的に「履歴（人生の来歴）」という意味を内包している事実である。当然のことながら「履歴」は活動を展開する前に書きあげることは不可能で、活動が終わった段階で始めて書くことが可能となる。つまり、一定の目標に向けて作られた「保育計画」が、子どもと保育者の対話的関係の中で発展させられていく「計画と実践の総体（教育経験の総体）」を、保育カリキュラムという言葉で表現しようということなのである。

7　三種類に類型化される保育カリキュラム

さて以上みてきたように、保育カリキュラムは保育実践における「計画と実践の総体」を表現する言葉である。それは佐藤の言うように、幼稚園・保育園で経験する「教育経験の総体」と概念規定することも可能であるが、いずれにしてもそれは、保育者の「教育要求」と子どもの「活動要求」との間で創造される、教育経験全体を指す用語として理解されるべきなのである。

一般に保育カリキュラムは、保育目標、保育内容（活動）、保育方法（関係）という三つの要素の組み合わせで構成されるが、このうち保育目標と保育内容は、いずれも保育計画の中に明示することが可能なのに対して、その保育計画が実際に子どもとの間でどのような実践に転化していくかという保育カリキュラムの核心部分は、つまり幼稚園・保育園で子どもたちがどのような「経験の履歴」を作っていくかという点は、子どもとの対話的関係を重視すればするほど、予測することが困難になってくる。

つまりこのように考えてくると、子どもたちが経験する「教育（保育）経験の総体」としての保育カリキュラムは、保育実践における保育者と子どもの関係しだいで多様に変化していくことになり、その関係に対応する形で、いくつかのタイプに類型化することが可能になる。

第一のタイプは、計画通りに保育実践が展開されることを是とするものである。用意周到に準備された保育計画は、子どもたちの興味や関心を引き出す必要条件であり、そうやって作られた保育計画によって、子どもたちの成長・発達が可能になるという考えがそれである。

こうした立場から作られる保育計画は、子どもの興味をひきつけるさまざまな保育技術とセットになって展開されることが多く、保育者には子どもたちを巧みに集中させ、一斉に行動に向かわせる多彩な保育テクニックが要求されることになる。【計画＝実践】という関係を理想とするこうした立場に立てば、保育計画と保育カリキュラムの間に大きな差異は生じないことになり、このタイプの保育カリキュラムは、ほとんど保育計画と同義に使われることになる。新聞の投書に載った「芋掘り」の実践などは、まさにそうしたカリキュラムの一事例と考えることができるが、一般にこうした保育カリキュラムを、「保育者中心保育カリキュラム」もしくは「教科カリキュラム」という名前で呼んでいる。

これに対して、保育計画は子どもたちが活動する環境の構成を中心に組み立てられるべきで、実際の保育実践は、あくまでも子どもの要求に基づいて展開されるべきだという立場がある。当然のことながらこうした立場は、子どもの主体性を尊重する思想に基づいているのだが、保育者のカンやコツに頼りながら展開される保育実践は、時に場当たり的となり、「計画された保育活動」を軽視することになる。一般にこうした立場から展開される保育カリキュラムを、「子ども中心保育カリキュラム」もしくは「環境構成主義カリキュラム」と呼んでいる。問題は、旧来の保育実践論において、この二つのカリキュラム論が二者択一的に語られる傾向が強く、そのいずれの立場に立つかという議論が、まるで「踏み絵」のように展開されてきた事実の中にある。特に、一九八九年・九〇年と「幼稚園教育要領」「保育所保育指針」が相次いで改訂されたときはその典型と言うことができるだろう。すべての年齢の子どもを対象に、すべての活動について「子ども中心カリキュラム」の選択を迫るという、単純で乱暴な保育実践論が保育界を席捲したのであった。

こうした一連の保育実践論に決定的に欠けているのが、保育者と子どもたちが、双方とも主体的に実践に参加する「相互主体的関係」に対するイマジネーションである。

もちろん、いくら「相互主体的関係」が大切といっても、乳幼児と保育者が完全に対等な関係で生活したり、活動したりすることはありえない。子どもの主体性が、子どもの中に生じた「活動要求」に基づく「活動主体性」であるのに対して、保育者の主体性は、子どもの中に生じた「活動要求」をさらに一段高い「活動要求」へと誘っていこうとする、保育者の専門性に基づく「教育主体性」にほかならないのである。

考えてみれば、優れた保育実践は常に、子どもの「活動主体性」と保育者の「教育主体性」とをつなげる努力の中で生み出されたものだったではないか。たとえばそれは、先の山口さんの実践にしても、市村さんの「おおきなおおきなおいも」の実践にしても、それが保育者と子どもとの相互主体的な関係で貫かれていたからこそ、面白く展開しているのである。

このように、保育者の「教育主体性」と子どもの「活動主体性」とが心地良く響きあいながら展開していく保育カリキュラムを、「相互主体的保育カリキュラム」もしくは「対話的保育カリキュラム」と呼ぶことができるが、この「相互主体的・対話的保育カリキュラム」に関しては、旧来の保育実践論において十分に理論化が行われてこなかったこともあり、保育実践の現場では豊かな実践イメージを伴う形で、理論的な面でも、実践的な面でも十分には受け入れられていない現実がある。

8　対話的保育カリキュラムへの誘い

しかしながら私は、第三の保育カリキュラム論とでも言うべき、この「相互主体的・対話的保育カリキュラム」の思想と構造を理論的・実践的に明らかにすることが、今、とりわけ重要な意味をもっていると考えている。それは、保育実践という営みが、本来そうした視点から構築されるべきだという理由によるだけではなく、日本の乳幼児保育が抱える現代的課題に応えるためにも重要だと考えている。

その重要性は、大きく以下の三点に整理することができると思う。

第一の理由は、乳幼児が成長・発達する社会的仕組みが急速に変化する中、幼稚園・保育園で意識的に「相互主体的・対話的保育カリキュラム」を創造する努力をしないかぎり、乳幼児の人間的発達が保障できなくなってきている現実に由来する。

地域社会が子どもを育てる力を失い、家庭における子育ての姿が急激に変化してくる中、乳幼児の自我形成の道筋に変化が生じるところまで問題が深刻化しつつある。変化を象徴的に表わしているのが、子どもたちの対話能力の低下であるが、人と心地良く対話する力（対人対話能力）、モノと深く対話する力（対物対話能力）、自分自身と対話する力（自己内対話能力）といった三つの対話能力が、バランスよく子どもたちの中に育っていかない現実が進行しているのである。

こうした問題に対応していくためにも、対話的関係の中で、対話能力を育てる保育実践を意識的に創造する「対話的保育カリキュラム」構築の営みが、どうしても必要になってくるのである。

それは別の言い方をすれば、「対話的保育カリキュラムが子どもを救う」とでも表現することができると思うが、いささか大げさな印象を与えるこの言葉を、私自身はかなり真剣な問題として考えている。

問題はそれだけではない。私自身が「相互主体的・対話的保育カリキュラム」の理論化にこだわる第二の理由は、実はもっと積極的な考えに由来するものである。

たとえば乳児期から青年期まで、「相互主体的」で「対話的」な関係を基本に子どもたちを育てていくことは、この国の子育て・教育が、新しい子ども観・教育観を獲得していくための挑戦だと私自身は考えている。

小さな子どもたちを、大人に一方的に育てられる受動的な存在と考えるのでもなく、大人の意思や仲間の意思と無関係に生きる、自分勝手で自己中心的な存在と考えるのでもなく、常に主体的であると同時に共同的・集団的に生きようとする、そんな子どもたちの育ちをデザインする保育カリキュラム。それが「相互主体的・対話的保育カリキュラム」なのである。

乳児期からそうやって「相互主体的」で「対話的」な関係を生きた子どもたちは、おそらくその後の発達の中で、異質なものを受け入れながらも、けっして自分を見失わない、主体的かつ共同的な新しいタイプの人間へと成長してくれるに違いない。つまり、「相互主体的・対話的保育カリキュラムが社会を変える」とでも表現することができるだろうか。

そして第三の理由であるが、乳幼児期の生活と教育を「相互主体的・対話的保育カリキュラム」で組織し、子どもたちの人間的「有能さ」を引き出す実践の創造を通して、乳幼児の「最善の利益」を保障するための取り組みが、この社会にとって必須の課題であるという認識を一般化させるためにも、実践を支える理論を明らかにする必要があると考えている。

一九八九年に国連総会で採択された「子どもの権利条約」は、その第三条で子どもに関わるすべてのことを決定するとき、「子どもの最善の利益」が「第一義的に考慮されなければならない」と明示している。ここでいう「最善の利益」は英語の best interest の訳語なのだが、英語の

interest が「興味・関心」という意味を内包していることをみればわかるように、そこには、子どもたちが「興味・関心」のある生活に取り組むことが、実は子どもの「最善の利益」につながるという価値観が存在しているのである。

ところが現在日本で進められている保育・幼児教育政策をみてみると、乳幼児にとって「最善の利益」とは何かというイメージを、完全に欠いているように私には思えてならないのである。政策立案に責任をもつ人々を含めて、この社会全体が乳幼児の成長・発達に対して抱いているイメージが、実は貧困なのである。

乳幼児の「最善の利益」を保障し、社会全体で乳幼児期の成長を支える思想を広げていくためにも、「対話的保育カリキュラム」の理論を明らかにしなければならないと考える所以である。

もちろん、理論が子どもを変えるわけでもなければ、理論が社会の価値観を変えるわけでもない。保育カリキュラムに関する理論と、その理論に基づいて創造的に展開される実践とが絡み合ったとき初めて、理論は力を持つことが可能になっていくわけで、そういう意味で、これから展開する「相互主体的・対話的保育カリキュラム」に関する議論が、創造的な実践に形を変えていくことを私としては期待している。

なお、後に再度ふれるように、「相互主体的保育カリキュラム」も「対話的保育カリキュラム」も、私としてはまったく同じイメージで理解し、使用しているが、まだ言葉も持たない乳児を含めて議論していくことや、目標論においても「対話能力」と「対話的知性」を重視しようとする立場から、特に断わりのない限り、以下の文章においては「対話的保育カリキュラム」という言葉で統一していくことにする。

〈注〉

（1）山口彰彦「ワクワクドキドキの遊びを通して年長として育ったもの」（第三七回全国保育団体合同研究集会（二〇〇五年）第九分科会「五歳児の保育」提案資料）

（2）山口彰彦「心躍る保育から育つ意欲」『現代と保育』六三号、ひとなる書房、二〇〇五年、二五頁

（3）赤羽末吉『絵本よもやま話』偕成社、一九七九年、一五一頁

（4）赤羽末吉『私の絵本ろん』平凡社ライブラリー、二〇〇五年、二九–三〇頁

（5）『朝日新聞』（一九九二年一一月四日）なお、この記事の内容に関しては、拙著『保育者と子どものいい関係』（ひとなる書房）の中でも、保育指導論に関わらせて論じている。

（6）城丸章夫『管理主義教育』新日本出版社、一九八七年、二七頁

（7）宍戸健夫・村山裕一編著『保育計画の考え方・作り方』あゆみ出版、一九八二年、一一九頁

（8）佐藤学『カリキュラムの批評』世織書房、一九九六年、四頁

第2章

生成発展カリキュラムの理論と実践

1　探検家が描く最初の地図としての保育カリキュラム

幼稚園・保育園に入園した子どもたちが、入園してから卒園するまでの間に経験し、その経験を通して成長・発達していく全過程を、本書においては「保育カリキュラム」という言葉で呼んでいる。

つまり、「保育カリキュラム」を幼稚園・保育園の中で子どもたちが体験する「経験の履歴」「発達の履歴」と位置づけ、そうした「経験の履歴」「発達の履歴」を創り出していく計画と実践の全過程を、保育カリキュラム創造の営みと考えてきたわけである。

このように保育カリキュラムの概念をとらえようとした理由は、子どもたちを「意味を作り出す主体」として位置づけ、保育計画の立案過程や具体的な実践過程を、保育者と子どもたちとの共同作業として位置づけようとしたからにほかならない。

もちろん、いくら「共同作業」だと言っても、保育者と子どもがまったく対等な関係になるということではない。保育カリキュラム創造の過程で、子どもたちの成長・発達に責任を負う存在として保育者がいることに変わりはなく、子どもの発達を保障する活動のあり方について、たしかな見通しをもちながら実践に臨むことが、保育者には、求められているのである。問題は、こうやって教育的見通し（計画性）を持ちながら活動に臨む保育者と、面白さを求めて園に通ってくる子どもたちとの間に、どのようにしたら相互主体的な関係を構築できるかという点にある。

おそらくその答えは、子どもの面白がっていることを、保育者の教育的見通し（計画性）につなげていく営みの中に存在しているのだろう。つまり、面白さの発展過程に対応して、保育計画を何度も書き換えていくのである。

何といっても幼稚園・保育園に通う子どもたちは、毎日が新しい体験であり、新しい発見なのである。保育者にとってみれば毎年繰り返される事象が、子どもにとってはすべて新鮮な出来事なのである。頭の中には確かな見通しを持ちながら、実際の実践過程にあっては、初めてその道を探検する冒険家のような表情で、驚きや発見を繰り返しながら生活する子どもたちの「意味生成」する姿と対話しながら、一回限りの活動を進めていく、水先案内人のような役割が保育者には求められているのである。

たとえばこうした問題に関連して、カリキュラムのイメージを二種類の地図に例えて説明したのはジョン・デューイ（John Dewey, 1859-1952）であった。すなわちデューイは、「探検家ができる限り最適の方法で自分の道を発見し、道しるべをつけて、新しい土地にしるしをつけ」ながら作る地図と、「その土地が完全に探検しつくされた後に構成され、最終的に仕上げられた[1]」地図とを比較しながら、子どもの発達における経験の心理学的側面と論理的側面の統一をどのように図ればいいか語ったのだが、おそらく子どもの年齢が小さければ小さいほど、経験の心理学的側面に対する教育的配慮が必要になってくるということなのだろう。

考えてみたら子どもにとって幼稚園・保育園の生活は、探検家が最初に描く地図のようなものなのかもしれない。どこへ到着するかわからないけれど、見るものすべてが興味の対象で、あちこち寄り道をしながら、あるいは立ち止まりながら子どもたちは歩いていくのである。そんな一回限りの体験を豊かに味わわせていくことが、おそらく幼稚園・保育園においてカリキュラムを創造するということなのだろう。

もちろんその場合、子どもと一緒に「探検」する保育者は、子どもと一緒に右往左往していればいいというわけではない。あるいは、どこかで手に入れた地図を片手に、トラブルなく子どもを出口まで連れて行くことができれば、それで保育者の役割は終わりというわけでもない。

おそらく保育者の役割は、「最終的に仕上げられた地図」を頭の中におきながら、子どもとの間に作り出される、偶然性と一回性に基づく実践を、ドキドキするような感覚とともに展開していくことにあるのだろう。しかもその際、道を知らないふりを「演技」としてするのではなく、あくまでも子どもと一緒に驚き、不思議がり、面白がりながら、子どもと共に活動を創造していくことが、保育者には要求されるのである。

そしてそのためにも保育者は、子どもたちが「意味生成」する世界に耳を傾け、目を凝らしていかなければならないのである。なぜなら子どもたちは日々の生活の中で、大人たちが地図に書き落としたさまざまな事象を、驚きの感覚とともに発見しているからである。そうやって子どもたちが「意味生成」する世界と対話していると、知らないうちに保育者も、集団の共同構成者として子どもとともに活動を展開していくことが可能になっていくのである。

たとえば佐藤学は、こうした関係で展開されるカリキュラムのことを、「計画としてはゆるやかな未完のシナリオのような手段であり、むしろ、教師〔保育者〕と子どもが教材の価値と意味を発見し合う活動の所産として生成される、創造的な教育経験の組織[2]」という言葉で表現したが、まさにそうした関係を不断に創り出す努力が、保育者には求められているということなのである。

2　生成発展カリキュラムとは何か

保育者と子どもが共同して「未完のシナリオ」を完成させるために展開していくような活動を、これまで教育実践論においてはプロジェクトもしくはプロジェクト活動という言葉で呼んできた。

教育実践におけるプロジェクト（活動）の理論に関しては、W・H・キルパトリック（William Heard Kilpatrick, 1871-1965）のプロジェクトメソッド等が有名である[3]。日本のカリキュラム論においてもそれは、生活単元学習とか単元学習という形で展開されてきたが、生活単元学習も単元学習も、しだいに活動をプログラム化することが一般的となり、プロジェクト本来の、変化し、発展する、躍動的なカリキュラムからは程遠いものになっていった現実がある。

プロジェクトは本来、目標のイメージは共有しているが、そこに至る道筋を共有していない、そんなカリキュラムなのである。したがって、活動を開始した段階では、どの道を通って、どこまでいくか明確に計画されているわけではなく、途中でいろんなことを調べているうちに、ひらめき、方向を変更していくことになる。つまり、そうやって試行錯誤を繰り返しながら、道を探していく営みそのものに、プロジェクトの面白さが存在しているのである。

幼児期のプロジェクト活動については、イタリアのレッジョ・エミリア市の幼児教育実践が世界的な注目を集め、二〇世紀後半の保育カリキュラム論に大きな影響を与えたことが良く知られている。

一般にレッジョ・アプローチと呼ばれる同市の保育実践を理論的に支えてきたローリス・マラグッチ（Loris Malaguzzi, 1920-1994）は、プロジェクト展開過程における保育者の役割に関連して、次のように述べている。

私たちが、人がうらやむような技能による即興に依存しているというのは真実ではありません。私たちはチャンスに依存しているわけでもありません。なぜなら、わからないことはある程度予測できると、私たちは確信しているからです。子どもと一緒にいるということは、三分の一の確実性と三分の二の不確実性と新しさに働きかけることであることを知っています。三分の一の確実性は私たちを理解させ、理解しようと試みさせます。(4)

比喩的な言い回しではあるが、「三分の一の確実性と三分の二の不確実性と新しさ」というバランスが、プロジェクト成立の鍵を握っているという指摘は面白い。おそらくそんな感じで、出口が見えないまま道を歩んでいくことを、保育者も子どもも共に面白がりながら進んでいくことが、プロジェクト活動を展開していく必要条件になるのだろう。

この点に関連して、レッジョ・エミリア市の保育者であるローラ・ルビッツィは、実践する立場から次のように語っている。実践者の言葉として興味深いものがある。

私は不確かな状態のなかで働いています。子どもたちがどこに行きつくかを知らないからです。でも、それはすばらしい経験です！

それはまるで、一緒に航海に出るみたいです。短いかもしれないし、長引くかもしれない。でも、一緒に航海することを熱望しているのです。(5)

おそらく「三分の一の確実性と三分の二の不確実性と新しさに働きかけ」ながら実践を創造す

ることの重要性を、実践家の言葉に置き換えると、こんな感じになるのだろう。そして保育者が、こんな形でドキドキしながら活動を展開しているとき、子どもたちは保育者以上にドキドキしながら毎日を送っているに違いない。

こうした形で、保育者と子どもが対話的関係を基礎に実践を創造していく営みを、本書の中では「対話的保育カリキュラム」と位置づけてきたわけだが、対話能力を身につけた幼児後期の子どもと保育者が、プロジェクト的な活動を共同して作り出していくカリキュラムを、幼児後期の対話的保育カリキュラムの中核部分を構成する「生成発展カリキュラム」と呼ぶことにする。

生成発展カリキュラムという言葉は、英語のイマージェント・カリキュラム（emergent curriculum）に触発されて命名したものである。emergent という英語には、「（液面上から）突然出現する」といった意味があるが、日々の活動の中から「計画が生成」していく点に、このカリキュラムの特徴がある。

イマージェント・カリキュラムという用語については、一九七〇年代にベティー・ジョーンズ（Betty Jones）が提唱して以来、市民権を得るようになっていったという指摘もあるが、[6] 実際にはそれ以前からこの用語は使用されていたようである。

たとえば、日本においても一九六七年に神戸大学教育学部附属幼稚園において、自らの保育カリキュラムを説明する用語としてイマージェント・カリキュラムという用語が紹介されているし、[7] 一九六六年に守屋光雄によって「緊急カリキュラム」という訳語で紹介されたりもしている。

守屋による「緊急カリキュラム」の解説である。

カリキュラム表を作っていても、それに捉われることなく、個々の子どもの要求と発達に即して、その内容や方法を決めるべきであり、従って目前の子どもの要求に合わせて緊急にカリキュラムを変更していく考えに基づくカリキュラムを「緊急カリキュラム」(emergent curriculum) という。これは許容主義 (permissivism) の立場をよく表している。[8]

カリキュラム展開時における対応の「緊急性 (即応性)」に着目した翻訳だが、計画が生成する際の「緊急性 (偶然性)」に始まり、その後の展開の「即応性」をトータルに表現するという点では、言い得て妙といった感じがする。

また、レッジョ・エミリアの保育カリキュラムを説明する際、イマージェント・カリキュラムという用語が使用されることもあり、プロジェクトの展開過程をイマージェント・カリキュラムという用語で説明する試みも行われている。

たとえば、『イマージェント・カリキュラム』(一九九四) という著書のあるエリザベス・ジョーンズ (Elizabeth Jones) とジョン・ニモ (John Nimmo) は、「計画自体が子どもたちと大人たちの日常の生活のなかから、とりわけ子どもたちの興味・関心から生起してき、子どもたちの自発性と、教師の計画性との絡み合いで活動が発展していく[9]」カリキュラムが、イマージェント・カリキュラムだと定義している。

同様の内容をレーラ・ガンディーニ（Lella Gandini）は、レッジョ・アプローチに関連させながら、次のように説明している。

保育者たちは大まかな目標を示し、活動や企画がどちらかの方向へ進むかを推測し、適切な準備をしています。そして、子どもたちの活動を観察した後、自分たちの観察結果を比較しあい、いっしょに検討し、解釈して、子どもたちの探究と学びにおいて彼らに何を与え、どのように支えていくか、子どもたちと共有することを選択します。[10]

これまでこのイマージェント・カリキュラムについては、先の「緊急カリキュラム」の他に、「創発するカリキュラム」[11]（秋田喜代美）「生成カリキュラム」[12]（木下龍太郎）という訳が当てられてきたが、本書の中では「生成発展カリキュラム」[13]という呼称で統一することにする。

英語のemergentに「発展」の意味はないが、カリキュラム開始段階で重視される生成（イマージェント）のイメージと同時に、その後の発展過程が連続的にイマージュ（出現）してくるカリキュラムであることを考えると、生成し、発展する意味で「生成発展カリキュラム」と呼ぶほうが、実態をリアルに表現すると考えたからである。

保育者と子ども、子どもと子どもが対話する過程で、生成し、発展するカリキュラムであり、まさに対話的保育カリキュラムの中核部分を構成するカリキュラムということになる。保育者と子どもが相互主体的な関係を基礎に、共同して計画を創り出していく生成発展カリキュラムは、子どもたちの「興味の複合」を基礎に、「学びの共同体[14]」（佐藤学）を形成していくことが期待されるが、実際にこうした課題を本格的に追求することが可能になるのは、幼児後期になってからのことである。

3　対話的自己の形成と生成発展カリキュラム

(1)　子どもの要求をプロジェクト活動に

実際、四歳半を過ぎる頃になってくると子どもたちは、環境（モノ）と深く対話し、人と心地良く対話し、自分自身と対話する力を確かなものにしてくるのである。

そうした幼児後期に育ってくる子どもたちの力を、私は「自己内対話能力」という言葉で表現してきたが、「自己内対話能力」を確かなものにした子どもたちは、やがて仲間と価値や目標を共有しながら、「協同的な活動」に取り組むことを望むようになってくる。

重要な点は、子どもたちの中に育ってくるこうした要求が、たしかな思考力と知性を背景に登場してくる点にある。

たとえば、この時期に形成される子どもの思考力を、「論理―科学的思考」と「物語（ナラティブ）的思考」という二種類の思考力に分類整理したのはJ・Sブルーナー（Jerome S.Bruner）であるが[15]、この二つの思考力に加えて、現実に存在しないものを思い浮かべながら「未来」を創造する「創造的想像力」とでもいうべき力が育ってくるのが、幼児後期という時期なのである。そしてこうやって三つの思考力を獲得した幼児後期の子どもたちは、それらの力をつなげながら、仲間と一緒に新たな課題に挑戦することを要求するようになってくる。

生成発展カリキュラムは、そうした子どもたちの要求を、保育者と子どもたちの対話的関係の中で実現させていく保育カリキュラムなのである。つまり、「対話する主体」として育ちつつある子どもたちが、仲間と対話し、「未来」と対話しながら、「未完のプロジェクト」を完成させていくカリキュラムが、生成発展カリキュラムなのである。

言い換えればそれは、子どもの中に生起する興味や要求が拡大しながらつながっていく、「興味の共同体」「要求の共同体」を活動の基礎に置きながら展開する保育カリキュラムということになるのだが、おそらく多くの保育者は、クラス全員が要求を共有する「要求の共同体」になることなど不可能だと考えるに違いない。

たしかにこれは正当な疑問であり、私自身もクラスのすべての子どもが同じことに興味を持ち、要求を共有することなど不可能だと考えている。したがって私自身は、一つのクラスの中に三つくらいの「興味の共同体」が出現し、同時に三つのプロジェクトが進行することだって、可能性としては十分にあると考えている。

これは、子どもたちに参加を強制しないという考えに基づいたものだが、おそらくこうした活動のスタイルを認めるか否かという点で、日本の保育者の考えは大きく分かれると思う。

もちろん私としても、興味・要求を共有するプロジェクトグループと、クラス全体の関係が無関係でいいといっているわけではない。

たとえば一つのクラスの中に、複数の「興味の共同体」を育てていく場合には、少なくとも以下の三つの条件を充たすことが重要だと考えている。一つは、進行しつつあるプロジェクトの進行状況などに関する情報は、常にクラスの構成員が理解できるように配慮すること。二つ目は、途中から参加したくなった子どもたちの参加権も保障しておくこと。そして三つ目が、一年に二・三度は、すべての子どもが何らかのプロジェクトに参加すること。

私は、こうした原則を前提にしながら年長クラスで一年間、生成発展カリキュラム創造の実践に取り組んだ幼稚園の実践を『5歳児の協同的学びと対話的保育』（ひとなる書房）という本にまとめたことがある。とにかく、子どもの要求を発展させることを前提に、記録をていねいにとり、対話的関係にこだわって実践したものだが、そこで私が提案したのは、以下の内容であった。

①子どもが、どんな活動に、どのように面白がっているか、まず記録すること。

②子どもの面白さを発展させたいと思ったとき、発展の方向性を考え保育計画にする。
③活動発展の方向性は、「それが子どもにとって必要なことか」「その発展の方向に必然性があるかどうか」という二つの原則に基づいて決めること。
④発展の方向性を記した保育計画は、五案以上作ること。
⑤実際の展開過程は、子ども同士の話し合いで決めること。
⑥話し合いの過程、実践の過程は、具体的な記録として残すこと。
⑦記録に対して反省（省察）の話し合いをし、それをもとに翌日の実践をデザインすること。
⑧実際のプロジェクトは、必要性と必然性を共有する数人の集団を基本に展開すること。
⑨プロジェクトの展開過程は、壁新聞等の視覚的手段を使いながら公開すること。
⑩途中から参加したり、刺激を受けて同じようなプロジェクトが発生する権利を保障すること。

とにかく、鍵は子どもたちの観察と記録にありということで実践が始められていたのだが、最初に考えた以上に、子どもたちの活動は活発に展開していったのである。

海賊ごっこをしていた子どもたちを中心に、材木を使って海賊の小屋を作るプロジェクトが起こったかと思えば、トンボに卵を産ませてヤゴを孵化したいと考えた子どもたちを中心に、池作りのプロジェクトが展開され、冬にはその池に橋を架けるプロジェクトが立ち上がっていったのである。あるいは新潟中越地震で被害にあった人のために、ギンナンを拾ってきて、それを売って、二万円近いお金を稼ぎ、そのお金を新潟の幼稚園に送金する新潟中越地震支援プロジェクトが展開されるという形で、実に多様なプロジェクトが一年の間に取り組まれていったのである。

そのとき展開された実践事例は、それぞれに考えさせられるものがあったが、こうしたダイナミックで大掛かりなプロジェクトのほかに、もう少し地味で、しかし重要な実践がいくつかあった。

そうした実践の一つとして、ウサギの当番決めの実践を紹介することにしよう。

(2) 当番の意味を発見したウサギ当番の実践

すべての実践を子どもにとって「必要性」のある活動か、活動を発展させる際の「必然性」があるかどうかという二つの視点から考えていこうという私の提案に応える形で、実践は始められていった。

ウサギを飼育していたその園では、三月の終わりの時点では、当然のごとく年長児が当番を担当し、世話をしていくと考えていたという。しかしながら、保育者たちは「そのことを子どもたちが望んでいるのか」「当番で世話をするのが子どもの中で必然性として認識されているか」といった視点から実践を見直していったというのである。

最初は年長になったらウサギ当番をやることが当然と考えていた保育者たちが、こうした話し合いを経て、四月最初に持った年長児の話し合いの光景である。

そこで、みんなで集まったときに、「ウサギのえさはだれが持ってくればいいか」と投げかけてみた。ほとんどの子どもが「やりたい」と思っているので、「えさをやりたい人が持ってくればいい」という子どもが大半を占めた。

そんな中、ただ一人の男児だけが、「僕は、遊べなくなるのは嫌だから持ってこないよ」と言っていた。[16]

ということで、「えさをやりたい人が持ってくる」という案が採用され、ウサギの世話が始められていく。保育者は、誰が持ってきたか、どのように世話しているか、あるいは「持ってこない」と言い張った男児はどうするか、といった点について観察し、記録をとることに、まずは専念したという。

世話を続ける子どもたちに、気づいたことや感想を聞いてみると、「食いしん坊のウサギがいる」とか、「ニンジンよりもキャベツのほうが好きなようだ」といった感想が出てくる一方で、「ウンチが汚くて、臭くて触りたくなかった」という意見を言う子がいたという。そしてその子は、「もうやりたくない」とまで言うので、その意見を受けて、ウサギの便について話し合いを持ったという。

ある子どもが、「ウンチが汚くて世話したくない」と言った。それに対して、以前自分たちのウンチが出てくるまでの話を聞いたことを思い出して、「ウンチをしないと死んじゃうよ」という子どもや、「丸いウンチの時には汚くない」と言う子ども、手で触らなければ大丈夫」などと、いろいろな意見が出た。

「ウサギの飼い方」について書かれた絵本など見ていると、ウンチの様子で元気かどうかわかると書いてある。「それでは、どんなウンチがいいウンチなんだろう」と問いかけてみる。何度かウサギの世話をした子どもは、「丸いウンチ」という。「どのくらいの大きさ?」「色は?」と問うと、いろいろな意見が出てくる。「見てくるよ」と走ってウサギ小屋に行く子どももいる。

「そういえば、言葉がしゃべれない赤ちゃんも、元気かどうかウンチを見て分かるということがあるって聞いたことがあるよ。きっとみんなが赤ちゃんの時も、お母さんがいつもウンチの様子を気にしていたと思うよ」と話す。

「ウサギのウンチが汚い」という感覚的な言葉を、科学的な問いに置き換えていくと、子どもたちの興味・関心がまったく違った方向に向いていくことはよくあることである。実際、その後の子どもたちは、ウンチの観察に精を出し、まるで気分は獣医か科学者かという感じで、ウサギの世話が続けられていったという。

そうした中、「元気なんだから、運動するところがないとかわいそうだよ」と語るひとりの女の子のつぶやきが、保育者の耳に入ってきた。その言葉を耳に留めた保育者は、それをクラスの子どもたちみんなに投げかけるように働きかけていったという。その時の記録である。

「〇〇ちゃんから相談があるんだって」と子どもたちを集める。

女児は、「ウサギに運動させないとかわいそうでしょ。みんなもずっと家に入っているのはいやでしょ」とみんなに投げかける。ほとんどみんな（えさを持ってこないと言っていた男児も）が運動場作りに賛成し、どうやって作るか話し合うことになった。「丈夫に作ったほうがいい」「木で作ろう。前に作ったみたいに」「走れるくらい広くしないとだめ」「ピョンと跳んで出ないようにしなければ」「跳び越えられない高さにすればいい」と、だんだんとイメージができてきた。さっそく次の日から作り始めることになった。

こんな感じで、子どもの声に耳を傾け、子どもの要求を発展させる実践をしているうちに、しだいにウサギと子どもたちの距離は縮まっていき、最初「遊べなくなるから、えさは持ってこない」と言っていた男の子も、ウサギに関わるようになってきたという。ウサギの遊び場ができて、みんなでウサギを放したときのその子のエピソードが、次のように記されている。

みんなの話を聞いてウサギを抱っこしに行くが、抱いている途中で手を放してしまい、友だちに「落としたらかわいそうでしょ」と言われる。本人は、「わざとじゃないよ」と言い返して、部屋に帰ってしまう。

こんな記述を見ていると、問題はウサギの世話とは別のところにあると考えるべきなのかもしれないが、それでも活動の中で、この男の子とウサギの距離は、確実に縮まっていることを理解することができる。

ところがこうした中、誰もえさを持ってこない日がやってきたのである。四月の第四週になったとき、つまり、年長になってほぼ一ヵ月が経過したときのことである。

「大変だよ」とみんなを集め、えさを誰も持ってきていないことを話す。「えっ」という顔をする子どもたち。しばらくして、「大丈夫だよ。草を摘んであげれば」と子どもたちの意見が出される。

保「じゃあ、毎日誰も持ってこなかったらどうする?」

子「毎日、草をとってあげる」

保「誰が?」

子「誰かが」
保「誰もやらなかったらどうする?」
子「持ってくる人を決めたらいい」
保「そうか。明日は誰が持ってくるって分かっていれば、安心だね」
子「うん」

こんな話し合いを経て、えさを持ってくる人を決めることになる。どうやって決めるかという点を話し合った結果、ある男の子の提案で、みんなでジャンケンをして決めることになった。

こんな感じで、やっと当番の必要性を自覚する入り口に立った子どもたちだが、毎日ジャンケンで決めていると時間がかかるので、他にいい方法はないか考えているうちに、けっきょく「くじ引きがいい」ということになり、くじで明日のえさやり当番を決めることになったという。一週間ほどくじ引きが続くが、そうした中、「○○ちゃんはいいな、当たるのもう三回目だよ」「またはずれた。私は一回もやっていない」といった言葉が子どもから出されるようになり、再度話し合いを持ったという。その時の話し合いの光景である。

不満を言っていた子どもから話を聞く。何回もやっている人がいるのに、何日経っても回ってこないという不満が出る。一方で、回ってこないことをうれしいと思っている人や、動物を触るとかゆくなってしまうので、やりたくても世話ができない人の話をし、どうすればみんなが気持ちよく世話ができるか考える。その結果、「順番にしよう」ということになり、順番で当番をすることが決まる。

ここに至るまで一ヵ月以上の日にちを費やしたわけだが、「当番」という方法を採択するまでに、ここまで時間を費やしたことが、決して無意味でなかったことは理解してもらえるだろう。生活の中で、あたりまえのように理解し、使っている「当番」という概念を、こうして自分たちの要求から出発し、そこで生じた矛盾を解決していく過程で、体得した点に意味がある。

保育者が提示し、守らせれば、ただそれだけの体験を、こうして時間をかけて身体感覚とともに学んでいく……。対話的保育カリキュラムは、こうして手間隙かけて、子どもの知性と感性に働きかけていく、そんな保育カリキュラムなのである。

4　年長児が取り組んだアフリカ・プロジェクトの面白さ

(1) アフリカに対する興味・探究の共有

こうした実践が展開される中、私は各地の幼稚園・保育園で、生成発展カリキュラムの視点から、プロジェクト的な活動を組織していくことを提案してきた。出口の見えない活動に取り組むことは予想以上に大変で、カリキュラム創造に着手したものの、その困難さの前で立ちすくむ園があったことも事実である。

たしかに子どもと対話しながら展開する保育実践は、活動を開始した段階でゴールが見えないだけに、保育者には不安がつきまとうものである。もちろん、そこには不安だけが存在しているわけではない。子どもたちとうまく響きあいながら、一回限りの実践を創造することができたとき、そこには子どもたちと響きあう心地よさを基礎にした、至福の時間が流れていくことになるはずなのである。

ただし、そうした実践をするには、失敗と試行錯誤を繰り返しながら、子どもと深いところで対話する醍醐味を、実感とともに会得するしかないのだろう。そしてそうした試行錯誤を共有してくれる保育者集団の存在が、どうしても必要になってくるのである。

以下に紹介する実践は、そうした試行錯誤の中から生まれたものだが、実践が生み出され、発展していく過程が、対話的である点が面白い。東京の和光鶴川幼稚園の富宇加[17]（とみうか）さんの実践である。

実践は、彼女が長年あこがれていたアフリカに、夏休みを利用して旅行に行ったことがきっかけで始まったという。旅行から帰ってきた富宇加さんは、当然のごとくアフリカで出会った動物たちの話を、撮ってきた写真を見せながら説明していったのである。そのときの会話が、次のように記録されている。

朝から「先生、あの写真もってきてくれた？」と何人も聞いてきます。

朝の会でその写真を見せると「ぎゃー！」「うふょー！」と言いながらも、みんな席を立って写真に近寄ってきます。「真っ赤な血が出てるー」とチカちゃん。それは赤身の色でした。

「かわいそー」とエミちゃん。みんなも口々にヌーがかわいそうだと言っていましたが、

「でも、ライオンだって、ヌーを食べなきゃ死んじゃうじゃない」とダイヤ君。

担任「かわいそうかどうかは難しいね。でも、ひとつ先生が見てきたことは、ライオンが

「真っ赤な血が出てるー」

保育者の撮った生のアフリカに興味津々

食べている間、セグロジャッカルがじっと座って待ってて、ライオンが食べ終わったあとのヌーを食べてて、その後ろにワシとかハゲタカとかが待ってて、セグロジャッカルのあとで肉を食べてた。で、最後は骨しか残ってなかったよ」

ダイヤ「あー、このシマウマみたいに？」

担任「そうそう、キレーに食べられちゃってた」

それから一ヵ月の間、子どもたちは保育者の持ってきた写真をきっかけに、盛り上がっていたという。写真に写っている水牛は肉食か草食かという疑問に対して、その答えを求めてクラスで議論したり、家で調べたりと、とにかく次から次へと疑問が湧いてくる感じなのだという。たとえばアフリカを題材にした絵本に書かれていた共生動物に関する記述の中に、「サイにはサイドリという形で、どの動物にどの鳥がつくか固定されている」といった内容が書かれていたときは、富宇加さん自身も驚いて、さっそく写真で確認したそうである。

これには担任もびっくり―改めて自分の撮ってきた写真を見返してみると、たしかにほとんどの草食動物の写真に鳥がとまっています。「すごい！　本当だー！」と、大騒ぎの担任に、「先生、気がついてなかったの？」と冷ややかな子

シマウマの背中にはシマウマトリ（？）が

きれいに食べられてしまったシマウマ

どもたちでした。
絵本に出てきたのはサイにとまっているサイドリという鳥でした。
ホノ「キリンにも鳥がとまっているね」
アキオ「じゃあ、キリントリって名前かな」
ユタカ「じゃあ、このシマウマにとまっているのはシマウマトリだね」

こんな感じで子どもたちは、アフリカに対する尽きない興味を、探求的な活動として展開していくのだが、それはまさに「興味の共同体」とでもいうような仲間関係が、クラスの中に広がっていく感じだったのだろう。
そしてそんな子どもたちの様子を見ながら担任の富宇加さんは、この子どもたちの関心を、何か発展させる方法はないかと考えるようになっていく。つまり、アフリカ・プロジェクトとでも命名すべき生成発展カリキュラムの創造に向けた思いが、保育者の中に芽生え始めていったのである。

(2) 粘土で動物を作るプロジェクトへの誘い

もっともそうはいうものの、子どもの要求を発展させることを保育実践の柱に

図鑑を見ながらよりリアルに

動物の足や頭をそれぞれに作って

して取り組もうと園内で議論していた中のことである。アフリカに対する子どもたちの思いを、何か具体的な形に発展させることができるのではないかと考えて実践をイメージしてはみたものの、保育者が提案し、リードしてしまうと、せっかくの子どもたちの主体的な思いが消えてしまうような気がして、実際に保育計画を決定するまで富宇加さんは悩んだという。そのあたりの思いを記した、富宇加さんの記録である。

うーん、もう一盛り上がりしたいなと考えて思いついたのは、これまでの抽象的な世界で共有してきたイメージを形にしていくことでした。でも、これまでの取り組みはまったく子どもからの発信を、後追いする形で進めてきたものでしたから、担任から活動を提案するということには、多少の不安がありました。パネル製作ということが、今の子どもの要求に一致するかなと思い悩んだり、「何で突然?」みたいな反応にならないかなと不安になったりと、そんなことを考えながら、とにかく紙粘土をもって教室へ行きました。

教室に入ってからも、「どうやって誘おうかな?」と考えていたのですが、そんなとき、紙粘土を見た子どものほうから、「動物作りたい」という声が上がってきたのです。

首や足の長いキリンは要所要所に楊枝や竹ひごで骨を入れて

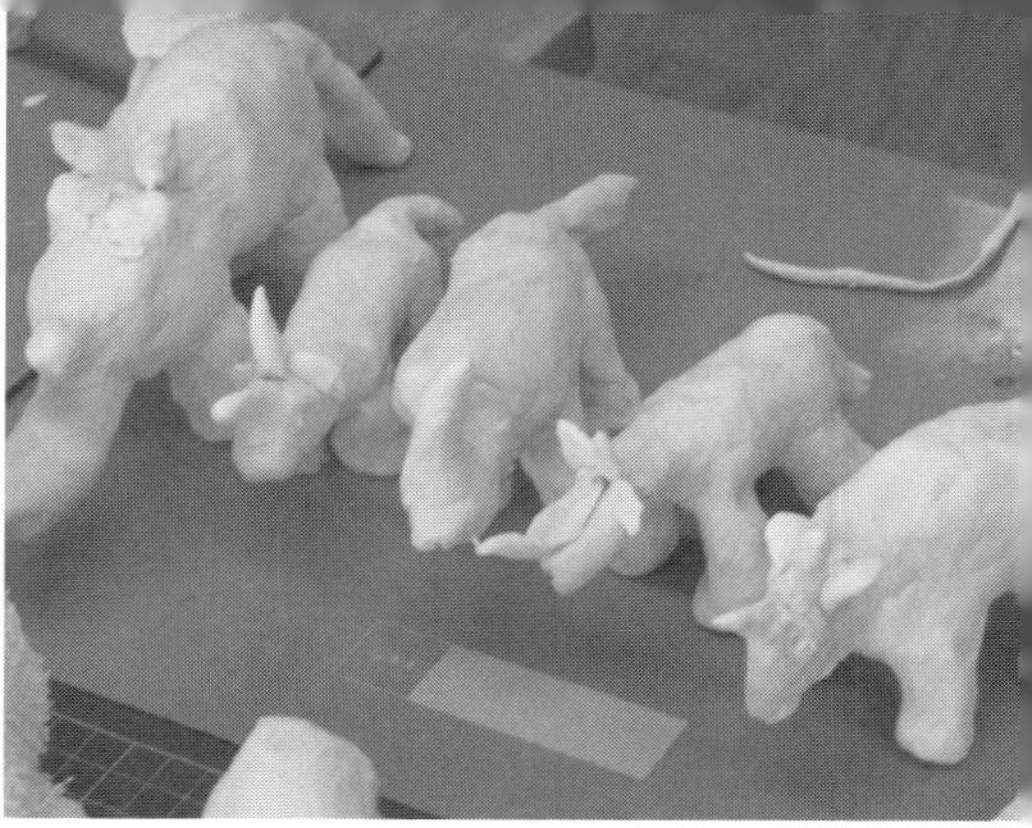

作ることに苦手意識のあったフウキくんも楽しそうに次々にサイを作る

保育実践が、保育者の計画をもとにしながら、それでも「偶然性」と「即応性」で展開されるとは、まさにこういう場面のことを言うのである。子どもの声に救われた感じで、その後の保育実践は展開していくのであるが、粘土作りに取り組んだ時の記録が次のように記されている。運動会が近づく九月三〇日の記録である。

火曜日、教室の紙粘土をみたチカちゃんが「動物がつくりたい」と。

担任もそのつもりだったので、びっくり。しかも、怖いものが大嫌いなチカちゃんは、動物でクラスが盛り上がる中、その話題もアフリカシリーズの絵本も嫌がっていたので、驚きました。チカちゃんが言うのなら……。今日の予定ではなかったのですが、急遽、動物を作ってみました。さらに驚いたことに、チカちゃんが作ったのはメスライオン。

担任「あれ？　チカちゃん、怖い動物嫌いじゃなかったっけ？」

チカ「作るのは大丈夫。先生のシマウマ食べちゃおうかな」と笑っていました。

フウキ君は、サイを作りました。角の立派なサイに自分でも大満足の様子。

フウキ「サイってかっこいいよねー」
担任「かっこいいよね。でも、先生はキリンが好きなんだ」
フウキ「でも、やっぱりサイってかっこいいよねー」
担任「サイも、数がどんどん減ってきちゃってるんだって」
フウキ「えー、チーターみたいに人間が鉄砲で撃っちゃったから? サイの角、とるの?」

こんな感じで、子どもたちの動物作りは展開されていったという。ライオンがシマウマを食べる写真に目を背け、絵本の中の残酷なシーンを嫌がっていたチカちゃんが、「先生のシマウマ食べちゃおうかな」と言いながら作り始める場面も、フウキ君がサイのことを心配してシミジミ語りながら作る場面も、実は一ヵ月の間、保育者と子どもたちが、興味を広げ、探求的な活動を続けてきた結果として生まれた場面なのである。

つまり、アフリカの動植物に対する興味・関心が熟成する期間が子どもには必要だったわけで、ちょうどそうした要求が子どもの中で熟成しかけたころ、紙粘土が子どもたちの目の前に提示されたということなのだろう。

(3) 粘土の動物で、ごっこ遊びに興じる子どもたち

そんな時、別の保育者が小さなサイドリを作って、子どもたちの作った草食動物の背中に付けてくれたというのだが、これをきっかけに、子どもたちはどんどんイメージを広げていくことになる。

もっとも、こうした点が当の保育者たちに自覚されていたかどうかは鮮明でないが、人間のイメージは、ある小さな「ひらめき」をきっかけにして、一気に広がっていくものなのである。たとえば、サイの背中に乗るサイドリを見た子どもたちが、それをきっかけにそれまで話し合い、調べてきたあれこれを思い出し、一気に何かがつながっていく……。そんな感じになるときが、実は活動を発展させる好機なのである。

もちろん、そんなときは、子どもだけでなく保育者の側にも、新しいイメージが広がっていくときであり、そうした双方のイメージが響きあうとき、活動は新しいステージに入っていくことになる。

動物がたくさんできてきました。真っ白い動物を持ってごっこ遊びを楽しんでいる子どもたち。

早く色が塗りたくて、うずうずしている様子です。でも、雨続きでなかなか乾燥しません。

そこで、動物を置くところを作れる材料を用意しておきました。

ライオンを作ったチカちゃんは、アリヅカ、水場、木と、どんどんライオンのすみやすい

「やっつけちゃうぞー」「にげろ、にげろー」

隣のクラスの保育者がサイドリを付けてくれました

環境を整備していきます。でも、草を生やしたいと努力しても、どうしてもうまくいきません。ボンドで貼っても、すぐに倒れてしまいます。どうしようかとしばらく考えた末に、粘土にさす方法をみつけました。

それを見たホノちゃんも、こつこつと草作り。朝の時間もお弁当後の時間も、黙々と作り続けていました。木の作り方に悩んでいたシュウちゃん。新聞で作った枝の芯に針金を入れて好きな形になる方法を伝えると、「すごーい」と大喜びで大量生産。

発表のときも、「先生にすごい技を教えてもらったよ」と嬉しそうにみせていました。それを見たケン君やアキラ君も、木を作りたいと加わって……。にぎやかなアフリカの大地ができてきました。（一〇月一〇日）

こうなっていくと、作られた作品が一つに融合して、立派なジオラマの完成という雰囲気になっていくのだが、そんなとき、これまでほとんど動物作りに参加してこなかった男の子たちの数人が、作られた動物を使ってごっこ遊びに興じるようになってきたのだという。

先週末は色が塗りたくてウズウズしている様子だった子どもたちでした

木もできた！

草も生やすことができた！

が、今週に入ると、出来上がった動物で遊ぶほうが楽しいようで、たくさん作った子も、ひとつ色を塗るとあそぶことに夢中です。

シュウちゃんがアリヅカの上にライオンをのせて「サイを狙ってるの」と言うと、アキオ君がイクオ君の作った大きいサイを池のサイのところまで持ってきて、「ライオンが狙っているぞ」と知らせます。チカちゃんは草むらにシマウマを隠し、ライオンの親子を持って子どもライオンに、「ここで待ってるんだよ。今、シマウマをとってくるからね」と言い聞かせています。そして、担任が作ったシマウマが、一撃で倒されました（笑）。そこに子どもライオンをつれてきて、「胃袋から食べるのよ！」と教えています。（一〇月一三日）

最後の、「胃袋から食べるのよ」という言葉は、九月の最初に、ライオンは捕まえた動物をどこから食べるか話題になったとき、「肉食動物は草食動物のおなかから食べて、草の栄養をとる」と教えてくれたハナコちゃんのお母さんの言葉が、遊びの中で再現されたものである。

当の保育者は、普段はごっこ遊びなんかしない子どもたちが、こうして遊びに夢中になっている姿が「印象的だった」と記しているが、実はその後、運動会に

「キリンとシマウマは草むらにかくれて……」

ふだんごっこあそびをまったくしない
男の子たちも夢中になって

向けた取り組みが始まっていくと、アフリカの活動は少し下火になっていたという。しかしながらそれでも、置いてある動物たちは、「通りすがりにひと遊び」という感じで、子どもたちの遊びの格好の素材となったり、ことあるごとにアフリカの動物たちの話が出たりと、とにかくクラスの中で「アフリカが日常生活に入り込んでいる感じ」だったと担任の富宇加さんは記している。

⑷ ジオラマ作りへ、そして写真絵本の創作へ

もっとも、アフリカのジオラマもそのまま放置しておくわけにはいかないと考えた富宇加さんは、運動会が終わってから「これどうする？」と聞いてみたのだという。すると、「まだ作っていないものがある」と、子どもたちの要求が次から次へと出てくるので、一度みんなで仕上げて見ようと提案し、最終的なイメージを皆で考えていったのだという。その結果、「ヌーが渡る川を作りたい」というシュウ君の意見や、富宇加さんが写真に撮ってきたソーセージツリー等を加えて、最終的な仕上げをクラス全体で分担して進めていくことにしたというが、そのとき、ソーセージツリーを作った二人のことを、富宇加さんは次のように記している。

アフリカの大地がどんどん作られて

不思議なソーセージツリー

ツヨシ君とシュン君は作ることにはあまり積極的でなく、これまでのアフリカの取り組みの中では友だちが作ったものでごっこ遊びを楽しんでいる感じでした。その二人が作りたいといったのは「ソーセージの木」。

ふたりで真剣に材料を選んでいました。発泡スチロールのかたまりを見つけて、「これ、ソーセージになりそうじゃない！」とツヨシ君。「ぼくも、今それ思ったところ！」とうれしそうなシュン君。

黒板に貼ってあったソーセージツリーの写真を自分たちの机に持ってきて作業を始めていました。発泡スチロールを小さくきり、そこにクレープ紙を巻いて一つひとつソーセージを作っていきます。普段は野球に明け暮れる二人が黙々と作業し、「今日の作業はここまでにしよう」と声をかけると、「ロッカーの中にする？」「ピアノの上がいいんじゃない？」「先生の棚の上におかせてもらう？」と、大事そうに木を持って、どこにしまっておくかということを二人で相談していました。

読んでいてわかるとおり、ここまでの展開過程において、全員が一緒になって取り組んだのは、この最後の場面だけである。それまでは個々の子どもたちの意

アフリカジオラマの完成！

思と発想に基づきながら自由に活動に参加していたのだが、その距離のとり方が個性的で、面白い。

重要な点は、そうした個々人の興味と関心がアンサンブルのようにつながりながら広がっていく中で、それぞれの子どもが能動的にアフリカのプロジェクトに参加する素地を作り出していた点にある。つまり、保育者に確固とした展望がなかった点と、子どもたちの興味が自由に広がっていった点が、不思議に絡み合いながら、結果的にマラグッチの言う「三分の一の確実性と三分の二の不確実性」によって組織される実践になっていったということなのだろう。

そしてそういう点では、運動会が間に入り、一気に活動を終点に持っていかなかったことも、結果的にはプラスに機能したと考えることができるのかもしれない。なぜなら、そのことで子どもたちには、アフリカの動物を使ったごっこ遊びを自由に展開する時間が保障され、その面白さはジオラマを完成させた後も継続されることになったからである。そしてその姿を起点に生まれた保育者の「ひらめき」が、活動を新たに発展させることになっていったのである。

以前から盛り上がっているごっこ遊び。先日、シュウ君がやっていたごっこ遊びを、場面ごとに写真に撮ってみました。そしてそれをまとめた四ページの写真絵本を、「本を読むよー」といつものように読み始めると、「あれー！　それ、アフリカじゃん！」と目を真ん丸くして大騒ぎ。

四ページの短い絵本でしたが、子どもたちは「スゴイ！」「スゴイ！」と大盛り上がりでした。

そこで、みんなでアフリカを囲んで話を作ってみることにしました。ヒロキ君やアキオ君が身を乗り出して動物を動かしながらアイデアをどんどん出してくれます。子どもたちの声を整理しながら、場面を展開していきました。（一一月二一日）

そうしてできた作品の一つが、次々頁で紹介したものである。途中に出てくる、「ライオンがおなかから食べました」というシーンや、「サイドリ」の話などは、子どもたちがアフリカについて抱いた疑問を調べ、答えを見つけていく過程で出てきたエピソードである。もちろん中には、子どもの主観で作られた話も挿入されているが、それでもこうした営みを通してクラスの中に、「物語共同体」とでもいうべき「想像の共同体」が形成されていることがわかる。

三ヵ月あまりの時間をかけて、話し合い、調べ、遊んだ内容を子どもたちなりに統合して作り上げた写真絵本が、彼らの知性と思考力を総動員した、自分たちの物語として作られていることを理解することができる。

(5) 生成発展カリキュラムの意義と課題

以上が、和光鶴川幼稚園で展開されたアフリカ・プロジェクトの顛末である。さまざまな偶然が重なり合いながら、年長クラスの子どもたちが、時間の経過とともに「興味の共同体」へと成長していく過程が、実に心地よく感じられる実践である。

そして私たちはこうした実践の中に、やはり五歳児の有能さを感じないではいられないのだが、それはおそらく、この実践の中に次に示す内容が含まれていたことと深く関わっているのだろう。

第一は、プロジェクトの展開過程で子どもたち一人ひとりが、「意味を作りだす」主体として活躍している点にある。活動の中で子どもたちは、保育者に教えられたり、活動を指示されたりしたわけではなく、自分たちが疑問に思ったことを解決しようとし、自分たちが面白いと思ったことを追求し、自分たちがやらなければと考えたことを実行に移しただけなのである。

そしてこのように個々の子どもが作り出す「意味」の世界に互いに共鳴しあっていく過程で、子ども集団が「興味の共同体」として緩やかに成長している点に、第二のポイントがある。ここには、「意味を作り出す」他者と「意味を作り出す」自分との間に生じる「間主観的関係」が存在し、おそらくそうした関係をくぐることで初めて、子どもたちは「主体的であると同時に共同

ほし2くみのアフリカシリーズ②

「あたらしいなかま」

さく：ほし2くみのこどもたち　しゃしん：とみうかえりこ

らいおんが　くさのなかにかくれて しまうまを　ねらっていました。

①

らいおんが　しまうまにとびついて めすらいおんが　くびをおさえました。　しまうまは　ばたんと　たおれました

②

そして　おすらいおんが　おなかからたべました。　めすらいおんも おいしそうに　たべました。

③

そのころ　さいがみずあびしているところを　わにやへびが　ねらっていました。　それを　うさぎも　みていました。　さいどりが　さいににげて！といったので　さいは　にげました。

④

らいおんが　しまうまをたべているところに　ほかのめすが　やってきて 「いっしょにさいを　とれるようにくんでくれないか」と　たのみました。　らいおんは　3とうで さいのほうにいきました。

⑤

さいどりが「らいおんが　いるよ」っておしえてくれたので　さいは にげていきました。

⑥

らいおんたちは　さいを　おいかけて　はさみうちにしました。

⑦

さいは　とうとう　たべられてしまいました。　そのころ　しまうまの ほうは　らいおんが　たべのこしたところを　はげわしが　たべていました

⑧

3とうの　らいおんは　なかよくなったので　あたらしい　むれを　つくりました

⑨

的」に生きる自分と出会うことが可能になっていくのだと思う。

第三に、方法論としての「図像化」と「言語化」が持つ意味である。このプロジェクトの鍵は、何といっても「図像化」と「言語化」という二つの方法論にあるといって間違いない。たとえば、子どもの疑問を話し合い、事典等で調べることは、それはそれで重要である。しかしながらそれを、「話し言葉」のレベルでとどめておくかぎり、その経験は共有されないまま曖昧になっていく。ところがこれが、紙粘土でサイやキリンを作り、そのサイの背中にサイドリを乗せると、とたんに彼らのイマジネーションにスイッチが入り、自分たちの作り出した「意味」の世界が、視覚化・記号化されていくことになっていくのである。イメージと意味を子どもたちが共有していく場合、「書き言葉」の世界へ子どもを連れて行くことが有効になるが、このプロジェクトの中では、保育者が無意識の内に取り組んだ面も含めて、そうした営みが実践を支えている点が重要である。

第四のポイントは、保育カリキュラム創造における計画性と偶然性の関係である。この実践は、保育者の指導性が前面に出た実践というよりも、さまざまな形で発生する偶然の出来事をつなげながら作られていった点に特徴がある。

もちろんそれは、単純に偶然をつなげて出来上がったものではない。保育者が計画的に実践しようとしたことが偶然性に支えられ、偶然子どもたちが活動を始めたことが保育者の計画に刺激を与えてという感じで、計画性と偶然性が、実にいい感じで絡みあっているのである。

それはちょうど、ローリス・マラグッチが「子どもと一緒にいるということは、三分の一の確実性と三分の二の不確実性と新しさに働きかけること」と語ったような関係が、自然な形で作られていたということなのである。

そしてあと一点、指摘しておかなければならないのが、保育カリキュラム創造における保育者と子どもの関係性の問題である。保育者が計画を持ちながら、保育カリキュラムが偶然性・即応性・一回性を大切に展開されていくということは、その関係が対話的になっていることを意味している。つまり、子どもの要求・願いを読み取る目と耳を持ちながら、実践が展開されているということなのだが、子どもの要求を読み取るだけで対話的な実践が展開できるわけではない。活動をもっと面白くしたいと考える子どもの願いと、活動を面白く発展させようとする保育者の「ひらめき」がうまく響きあっているとき、保育者―子ども関係は対話的になることが可能なのである。

つまり、生成発展カリキュラム創造に決定的な役割を果たすのは保育者の対話能力だということであり、保育者の能力如何で、カリキュラム展開の方向性と質は、根本的に異なるものになってしまうということなのである。こうした問題を含めて、幼児中期までの生成発展カリキュラムの可能性に関する問題や、生成発展カリキュラムの類型化に関する問題と、さらに考えなければならない課題は残るが、これらの問題は、下巻第Ⅴ部の「対話的保育カリキュラムの実際」で議論していくことにする。

〈注〉

（1）ジョン・デューイ「子どもとカリキュラム」『学校と社会・子どもとカリキュラム』（訳・市村尚久）講談社、一九九八年、二八五―二八六頁

（2）佐藤学『カリキュラムの批評』世織書房、一九九六年、三二頁

（3）キル・パトリックはデューイの後を受け、プロジェクト・メソッド、活動カリキュラムの理論を展開した。一九二〇年代以降、デューイとともに進歩主義協会のリーダーとして活躍。「目的・計画・実行・判断」という、人間の「目的的活動」の四段階に対応する形で単元学習を組織することを提案する。パーカスト（Helen Perkhurst, 1887 - 1973）のドルトン・プランとともに、日本のカリキュラム論に大きな影響を与えた。

（4）C・エドワーズ、L・ガンディーニ、G・フォアマン編『子どもたちの100の言葉―レッジョ・エミリアの幼児教育』（訳・佐藤学、森眞理、塚田美紀）世織書房、二〇〇一年、一三六頁

（5）同前、二八六頁

（6）Elizabeth Jones, John Nimmo,1994, *Emergent Curriculum*, p. vii Washington DC. National Association for the Education of Young Children.

（7）全日本保育連盟『保育』第二二巻第四号、ひかりのくに昭和出版株式会社、一九六七年、三六頁

なお、ここでは「教師は指導計画としては用意しているが、これはあくまでも教師の指導を

適切にさせるためのものであって、実際の指導においては、個々の子どもの欲求と能力に応じて、エマージングに具体的なカリキュラムを構成して」いくカリキュラムだと説明されている。

(8) 守屋光雄『保育学原論』朝倉書店、一九六六年、二〇八頁

(9) 前掲 (6)

(10) J・ヘンドリック編著(石垣恵美子、玉置哲淳監訳)『レッジョ・エミリア保育実践入門』北大路書房、二〇〇〇年、一五頁

(11) 秋田喜代美『知を育てる保育―遊びでそだつ子どものかしこさ』ひかりのくに株式会社、二〇〇〇年、一七三頁

(12) 木下龍太郎「イタリアの保育―レッジョ・エミリアを中心に」亀谷和史、宍戸健夫、丹羽孝編『現代保育論』かもがわ出版、二〇〇六年、一八五頁。なお、同書の中で木下は、イマージェント・カリキュラムに「生成的(または創発的)カリキュラム」という訳を与えたうえで、レッジョ・エミリアの保育カリキュラムを語る用語として使われてきたこの言葉が、「最近では、誤解を避けるためでもあろうか、この用語に代え、『ドキュメンテーションを通して構成される予測型カリキュラム』という説明的な言い方がなされている」と説明している。

(13) イマージェント・カリキュラムに「生成発展カリキュラム」という訳をあてたのは本書が最初ではなく、レッジョ・エミリアの保育実践を紹介・分析した以下の論文が最初である。拙著「幼児教育カリキュラムの構成原理としての生成・発展カリキュラム―レッジョ・エミリア・ア

プローチにおける『恐竜のプロジェクト』を中心に―」(『山梨大学教育人間科学部紀要』第1巻第2号、二〇〇〇年)

(14) 佐藤学は、小中学校における総合的学習の時間等においても、プロジェクト型の学習は大いに展開する可能性があり、それはまさに『学びの共同体』を作る実践にほかならないとして、学校教育における学習集団作りを『学びの共同体』という概念で論述している。

(15) J・S・ブルーナー『教育という文化』(訳・岡本夏木、池上貴美子、岡村佳子)岩波書店、二〇〇四年、五二頁

(16) 加藤繁美編著『5歳児の協同的学びと対話的保育』(ひとなる書房)参照。なおここに記した実践の記録は、茨城大学教育学部附属幼稚園研究紀要20『「見つける・気づく・考える」力を育てる―学びの基礎を培う生活の中から―』(二〇〇四年)「当番がいるの?(5歳児・4月~5月)」からの引用である。

(17) 富宇加栄里子「アフリカの世界」学校法人和光学園和光幼稚園・和光鶴川幼稚園『第2回和光幼稚園・和光鶴川幼稚園合同公開研究会』(二〇〇七年)。なお、紹介したアフリカ・プロジェクトに関する記述は、すべて同書に掲載された富宇加報告からの引用である。

第3章

対話的保育カリキュラムの構造

1 対話的保育カリキュラムを構成する四つのカリキュラム

対話的保育カリキュラムとは、「対話的関係」を基礎に、保育者と子どもが共同して創造する保育カリキュラムのことをいう。

したがって、対話的保育カリキュラムを決定づけるのは「関係論」であり、「関係論」において「対話的」であることが、このカリキュラムの必要条件なのである。保育者と子どもの関係が「対話的」でない保育カリキュラムに、「保育者中心保育カリキュラム」と「子ども中心保育カリキュラム」があるが、実際の保育実践の場で、「保育者中心」に徹することも、「子ども中心」に徹することも、現実的ではない。

たとえ活動のきっかけが保育者から提案されたとしても、あるいは子どもの要求から開始されたとしても、対話的関係を基礎に実践を展開していくことは可能なわけである。そしてその場合、対話的関係に徹しながら実践を構築しようとする点に対話的保育カリキュラムの特徴があり、そうした実践を象徴するカリキュラムが生成発展カリキュラムだったのである。

だからといって、対話的保育カリキュラムが生成発展カリキュラムだけで構成されているというわけではない。生成発展カリキュラムは、対話的保育カリキュラムを構成する重要な要素の一つではあるけれど、対話的保育カリキュラムのすべてではないのである。

ここで考えなければならない問題は、幼稚園・保育園において経験すべき「内容領域」の構造であると同時に、発達に対応した「順序性」の問題である。

つまり、これまでカリキュラム論においてスコープ（内容領域）とシークエンス（順序性）という言葉で分類されてきた、カリキュラムの構造に関する議論を、ここで展開しておく必要があるということなのである。

ここでいうスコープは「内容領域」を指すカリキュラム概念である。保育における「内容領域」は、一般に「関係論」と「内容論」によって構成されると考えられる。もちろん対話的保育カリキュラムにおいては、「対話的関係」という「関係論」で実践されることになるのだが、それでも保育者の先導で開始される活動か、子どもの要求がきっかけで始まった活動かということで、子どもの経験も変化することになる。

これに対して「内容論」のほうは、絵本・歌・紙芝居・ルール遊びといった「定型的な活動」か、それともごっこ遊びや探索的・探求的活動といった「非定型的な活動」かということで、活動の展開も変化することになる。つまり、それぞれの子どもが経験する「経験の履歴」の質が異なってくるのである。

これらの関係を整理したのが**図1**である。

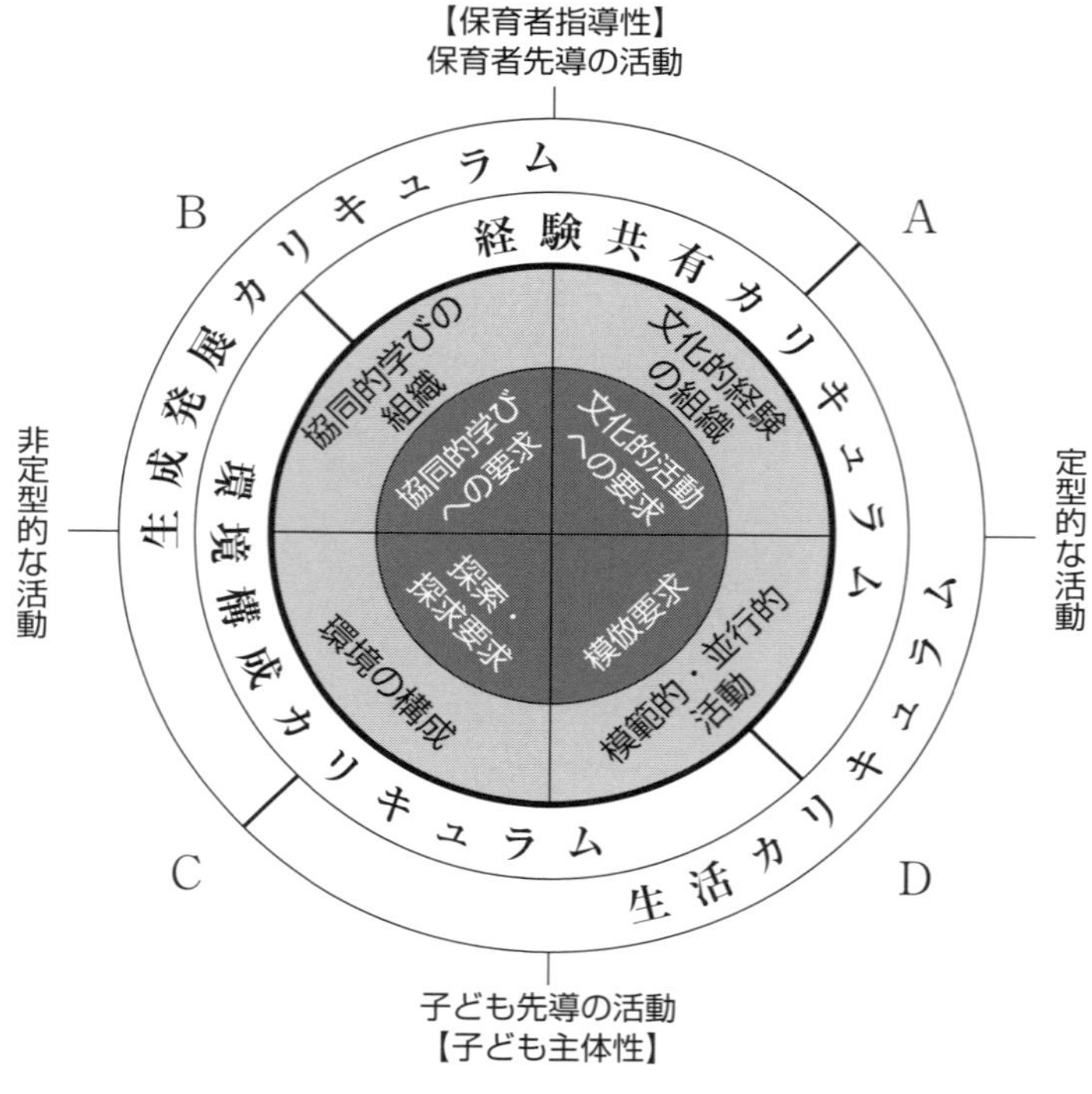

図１　関係論と内容論で作られる4つのカリキュラム

縦軸に「保育者先導の活動」か「子ども先導の活動」かという「関係論」を、横軸に「定型的な活動」か「非定型的な活動」かという「内容論」をとり、整理したものである。四つの座標面に描かれた四つの同心円は、内側の二つが「子どもの活動要求」と「保育者の教育要求」の関係を、外側の二つが対話的保育カリキュラムを構成する四つの保育カリキュラムを表現している。

最も内側に描かれた同心円が「子どもの活動要求」

を表現しているが、このうち座標面Aが「文化的活動への要求（学習要求）」、座標面Cが「探索・探究要求」となっている。前者の「文化的活動への要求（学習要求）」が保育者との共感的関係を基礎に文化を共有しようとする要求であるのに対して、「探索・探究要求」のほうはモノや環境に対する興味・関心を基礎に、子どもたちが発見や驚きとともに活動していく点を特徴としている。

一方、座標面Dは「模倣要求」である。「模倣要求」が具体的に機能するようになってくるのは生後一〇ヵ月を過ぎる頃だが、この頃から子どもたちは「あこがれ」や「願望」を基礎に、大人や仲間と同じことをやってみたいと、能動的に活動し始めるのである。「定型的な活動」を主体的・能動的に身につけていく活動がこれにあたる。

これに対して座標面Bは「協同的学びへの要求」となっている。いわゆる生成発展カリキュラムはこの要求に根ざしたものだが、仲間と一緒に協同的な活動をしようとするこの要求は、自然に育つわけでもなければ、乳児の段階から存在しているわけでもない。幼児中期（三歳～四歳半）に徐々に表れ、幼児後期（四歳半～六歳）に花開いていく要求が、この「協同的学びへの要求」である。

子どもの中に生起するこれら四つの「活動要求」に対して、内側二つ目の同心円に示される保育者の「教育要求」が切り結ぶ形で教育的関係が成立していくわけだが、これを徹底的に「対話的関係」でつないでいこうというのが対話的保育カリキュラムである。

四つに分類された教育的関係（活動要求と教育要求の接点）を中心に、それぞれ左右に広がりを持ちながら四種類の保育カリキュラムが組織されることになる。座標面Aを中心に展開される「経験共有カリキュラム」、座標面Cを中心に展開される「環境構成カリキュラム」、座標面Bを中心に組織される「生成発展カリキュラム」、そして座標面Dの「模倣要求」を基礎に展開される「生活カリキュラム」がそれである。対話的保育カリキュラムを構成する四つのカリキュラムである(1)。

それではまず、対話的保育カリキュラムを構成するこれら四つのカリキュラムについて、それぞれの特徴を整理しておくことにしよう。

2　探求的知性を豊かに育てる環境構成カリキュラム

たとえば座標面Cは、「非定型的な活動」を「子ども先導」で展開していくカリキュラムである。子どもたちが、自らの興味・関心に従って主体的・能動的に環境に働きかけ、環境との間で「意味生成」しながら「経験の履歴」を作りだしていく保育カリキュラムであり、本書の中ではこれを「環境構成カリキュラム」と呼ぶことにする。

このカリキュラムは、保育者よりも子どものほうが活動の主導権を握り、仲間との相互主体的な関係の中で、不思議心や探究心を豊かに育てていく点に特徴がある。

この環境構成カリキュラムは、子どもと環境（モノ）が、子どもの発見・驚き・不思議心によってつなげられていく点に特徴がある。重要な点は、子どもの中に生じる「驚き」や「発見」の世界に共感し、その思いをていねいに聞き取る姿勢と能力が保育者の側に要求されることである。おそらく保育者にこうした感性と能力がなければ、せっかく子どもたちが経験する「経験の履歴」も、発達の中に正当に位置づけられないまま終わってしまう危険性が、この環境構成カリキュラムには内在しているということなのである。

図1において、このカリキュラムが座標面Bと座標面Dの一部を含みこんでいるのは、実際の展開過程においては子どもの「模倣要求」が活動の起点になることもあるし、「協同的活動」に発展していくこともあるからである。

いずれにしても保育者は、子どもたちの興味・関心を引き出す環境を準備したうえで、子どもとの「対話」に徹することが重要になる。すると幼児前期（一歳半～三歳）から中期（三歳～四歳半）頃は、経験主義的で、主観的な様相に覆われている「探求的知性[2]」が、やがて「論理的思考」を伴った知性へと整理されるようになっていく。いわゆる「科学する心」の原体験が、このカリキュラムによって保障されていくのである。

現代の保育カリキュラムを考えるとき、子どもたちの「探求的知性」を豊かに育てる環境（空間）や時間を意識的に保障することには、特別に大きな意義があると考えられる。何といっても子どもたちの中に「かしこい体」（前述、序章）を育てていくことは、現代教育の最重要課題の一つなのだから。

こうして子どもが自然とかかわり、世界を驚きと不思議さで見つめていく感覚の重要性を「センス・オブ・ワンダー＝神秘さや不思議さに目を見張る感性」という言葉で語ったのは、海洋生物学者のレイチェル・カーソン（Rachel L. Carson, 1907-1964）であったが、まさに乳幼児期という時期に、カーソンの言うセンス・オブ・ワンダーの感覚を子どもの身体的知性として育てることは、現代保育実践の大きな課題なのである。

子どもたちが出会う事実の一つ一つが、やがて知識や知恵を生み出す種子だとしたら、さまざまな情緒やゆたかな感受性は、この種子をはぐくむ肥沃な土壌です。幼い子ども時代は、この土壌を耕すときです。

美しいものを美しいと感じる感覚、新しいものや未知なものにふれたときの感激、思いやり、哀れみ、賛嘆や愛情などのさまざまな形の感情がひとたび呼び覚まされると、次はその対象になるものについてもっとよく知りたいと思うようになります。その様にして見つけ出した知識は、しっかりと身につきます。

消化する能力がまだそなわっていない子どもに、事実をうのみにさせるよりも、むしろ子どもが知りたがるような道を切りひらいてやることのほうがどんなにたいせつであるかわかりません。[3]

このように「センス・オブ・ワンダー」の重要性を語るカーソンは、なぜこうした感性を幼いときにたしかなものとして身につけておかなければならないかという問いに対して、この感性が「やがて大人になるとやってくる倦怠と幻滅、私たちが自然という力の源泉から遠ざかること、つまらない人工的なものに夢中になることに対する、かわらぬ解毒剤になる[4]」からだと述べている。考えさせられる言葉である。

3　共感性を基礎に文化を共有する経験共有カリキュラム

座標面Aは「定型的な活動」を「保育者先導」で展開する活動である。絵本を読んだり、歌を歌ったり、紙芝居を読んだりと、子どもと保育者の間に「文化財」をはさみながら、文化を共有する点に特徴がある。

保育者の側には、子どもとの間で経験や文化を共有する意義が自覚され、それが教育要求として子どもの前に提示されることになる。「子どもから」というよりむしろ、「保育者から」活動が提示され、活動の面白さも、活動の心地良さも、保育者の責任で子どもたちに届けられることになる。もっとも、活動が保育者から提示されたからといって、必ずしもその活動が保育者中心の、一方的な関係で展開されていくということではない。「対話的」に子どもと対応していると、しだいに子どものほうにも、文化の共有を求める「学習要求」が育ってくることになる。

これら二つの要求が対話的につながっていく形で展開する保育カリキュラムを、本書の中では「経験共有カリキュラム」と呼ぶことにする。

先の環境構成カリキュラムが「モノと関わる世界」で創出されていったのに対して、経験共有カリキュラムのほうは、「人と関わる世界」を基礎に構築されていくことになる。前者が子どもの主体性を基礎に「経験の履歴」を積み重ねていくのに対して、後者は保育者が積極的に関わることによって「経験の履歴」が豊かに育っていく点に特徴がある。親や保育者の関わり方が決定的な意味を持つカリキュラムだといえるだろうか。

たとえば「人と関わる力」に関していえば、まず子どもたちは、親や保育者といった特定の大人との間で、身体的な一体感を基礎に信頼と愛着の関係を作り上げていく。それは空腹を充たしてくれる授乳を通してであったり、オシメを交換するときのかかわりであったり、入浴時の心地良さであったりと、とにかく身体的一体感を基礎に、安心と信頼の感覚を獲得していくのである。

この安心と信頼の感覚を獲得していくうえでポイントになるのは、子どもたちが大人とのコミユニケーションを積極的に要求してくるようになる、生後六ヵ月以降の対応にある。

子どものほうからコミュニケーションを求めるようになってくるこの時期は、わらべ歌やあやし遊びといった「文化（財）」を共有する営みを通して、子どもとの間に共感的関係を意識的に作り出していくことが重要になる時期である。ところが多くの親たちは、そうした関わり方を知らないため、この時期にどうやって子どもと遊べばいいか、わからないのである。そしてこのことが、他者との間に共感的関係を切り結ぶことが苦手な子どもを生み出す一因になっていることは否めない。

この時期の保育で大切なのは、わらべ歌やあやし遊びに始まり、絵本・紙芝居・歌といった文化（財）を大人と子どもの間にはさむことで、同じ言葉が、同じ調子で、同じ心地よさ・面白さを繰り返しながら、子どもの身体に刻み込まれていく点にある。子どもたちはそうした面白さを共有する経験を通して、他者と共有する「物語」の原型を獲得するようになっていくのである。

こうして形成される知性の世界を「共感的知性[5]」と呼ぶことができるが、この「共感的知性」は、やがて子どもの中に「物語的思考」という思考様式を育てていくことになる。

つまり経験共有カリキュラムは、子どもたちの中に「共感的知性」を育てることを目的に、保育者と子どもたちが文化（財）を共有していくことを特徴としたカリキュラムなのである。活動の起点は、多くの場合、保育者の側にあり、子どもの成長も保育者の働きかけの質にかかるという特徴があるといえるが、ここでも一方的・強制的・事務的に文化を共有することは厳禁で、あくまでも対話的関係の中で、子どもたちと文化を共有しようとする姿勢が大切になる。

この「経験共有カリキュラム」は、「人との関係」を基礎に、「人と関わる物語」を豊かに紡いでいく点に特徴があるが、地域社会における異年齢子ども集団でぶつかり合い、遊びあう経験を持たず、しかも家庭において情動的・共感的関係をうまく獲得できないまま集団保育を経験する子どもの場合は、実践を進めていくうえで、かなり大きな困難を伴うことになる。

一九九〇年代に入るころから、こうした問題を抱えた子どもたちが、幼稚園・保育園においても増加するようになってきた。経験共有カリキュラムは、たんに子どもと文化（財）を共有しておけばいいという単純なカリキュラムではなく、子どもの中に同調的・共感的要求を育て、共感的知性を豊かに育てる実践をていねいに組織していくことが要求される保育カリキュラムなのである。一人ひとりの子どもの中に育つ共感的知性と対話しながら、それを集団的共感性にまで高めていくことが重要な課題となる。

4　主体性と共同性を育てる生成発展カリキュラム

さて以上見てきたように、「モノと関わる物語」の創出に影響を与える「環境構成カリキュラム」と、「人と関わる物語」を創出する「経験共有カリキュラム」という二つのカリキュラムの創造によって、子どもの中には「探求的知性」と「共感的知性」という二つの対話的知性が形成されていくことになる。

これにより子どもたちは、モノと深く対話し、人と心地良く対話していく過程で、人間として生きる基本的な力を獲得していくことになるのだが、保育実践の課題はさらにこの二つの力を基礎に、自分自身と対話し（自己内対話能力）、仲間と共に「未来」と対話する、幼児後期の課題へと発展させられていく必要がある。

つまり、主体的であると同時に共同的に活動する「対話的自己」[6]として生きていく能力を獲得した子どもたちが、集団的・共同的に価値や未来を共有しながら背伸びしていく、対話的保育カリキュラムの真骨頂ともいえるカリキュラムを、保育実践の総仕上げとして創造していく課題が、私たちには残されているのである。

それが、生成発展カリキュラムである。座標面Bの「協同的活動要求」に応えるべく、対話的保育カリキュラムの真骨頂が発揮されるカリキュラムである。自己内対話能力を基礎に、仲間との間で「価値」と「未来」を共有しながら展開するカリキュラムである。

たとえば幼児後期の保育実践に関しては、二〇〇五年に「子どもを取り巻く環境の変化を踏まえた今後の幼児教育の在り方について」というタイトルとともに発表された中央教育審議会の答申は、次のように幼児後期の教育課題を提案したのであった。

幼稚園等施設において、小学校入学前の主に五歳児を対象として、幼児どうしが、教師の援助の下で、共通の目的・挑戦的な課題など、一つの目標を作り出し、協力工夫して解決していく活動を「協同的な学び」として位置付け、その取組を推奨する必要がある。(7)

この中央教育審議会答申は、幼児教育に関連してまとめられた戦後最初の答申であるが、そこに幼児後期の保育実践イメージがこのように提示されたことには大きな意味がある。

そして私自身も、三つの対話的知性を獲得した幼児後期の子どもたちを対象に、徹底した「対話的実践」を展開しようとするなら、子どもと保育者が対等な関係で、ともに保育の計画から実践まで創造していく、協同的活動を組織することが可能であるし、そうした活動を幼児後期の保育実践の中心に据える必要があると考えているが、実際にはこの点に関するコンセンサスが十分にできているとは言い難い現実がある。

幼児後期の保育実践においては、子どもたちが選んだ活動を徹底的に保障することで、とにかく子どもの興味・関心に基づく活動を徹底させていれば、子どもは自然に育っていくという「子ども中心保育カリキュラム」の立場が一方の極にあるかと思えば、他方には徹底した計画的・組織的早期教育で子どもの発達に責任を負うべきだという「保育者中心保育カリキュラム」の立場が、未だ支配的保育実践論として、保育界に君臨している現実がある。そしてその両極の議論の間で、両者の折衷論も含めて、保育の現場を支配する考え方は、実に多様だというのが実際の姿なのである。

先にもふれた通り、私自身はそうした混乱に終止符を打つためにも、幼児後期の保育カリキュラムを、保育者と子どもが共同して創造する「対話的保育カリキュラム」の理念で創出することが重要と考えている。

しかしながら問題が深刻なのは、この相互主体的関係を基礎にした「対話的保育カリキュラム」の理論が曖昧な点である。そして理論の曖昧さが、実践イメージ貧困の遠因となり、実践レベルで保育者が豊かなイメージをもてていない点にある。

そこで、保育者と子どもが共同してカリキュラムを創造していく生成発展カリキュラムの理論とイメージを明確にすべく、第2章で実践例を紹介しながら、他のカリキュラムの議論をする前に、生成発展カリキュラムについて論じてきたのである。

重要な問題は、この生成発展カリキュラムが、幼児後期に子どもの中に形成される「創造的想像力」を中心に、それまで形成したすべての知性・感性を総動員しながら展開されていく点にある。現実に存在しないものを想像する力は、言葉の発達とともに子どもの中に形成され、幼児後期に飛躍的に発達していくが、仲間とともに「未来」を想像し、「未来」に向かって共同していく「未来性」と「共同性」に基づく活動の展開は、まさに集団保育の集団保育らしいカリキュラムとなるはずなのである。

ただしこの生成発展カリキュラムは、他の保育カリキュラムを通して対話的知性が育っていることを前提に、幼児中期（三歳～四歳半）以降の段階で本格的に展開することが可能なカリキュラムだという点も重要である。

子どもたちの生活の中から活動が生成し、それが保育者と子どもたちとの共同の力で発展させられていく生成発展カリキュラムは、まさに対話的保育カリキュラムを象徴するカリキュラムである。

5　生きる力の基礎を育てる生活カリキュラム

乳幼児を対象とする保育カリキュラムを考えるとき、けっして軽視することができないのが「生活カリキュラム」である。

それは、幼稚園・保育園において「生活すること」がもつ教育的意味を保育カリキュラムとして位置づけたものである。

乳幼児保育を考えるにあたって、「生活すること」がもっている発達的・教育的意味は、けっして軽視することのできない問題である。いわゆる衣・食・住に関わる力であるが、毎日繰り返される「生活」の中で獲得される能力は、乳幼児の発達の基礎となると同時に、すべての活動の基盤となっていく。

一般に、こうして「生活」を組織する過程で子どもの育ちを組織するカリキュラムを「生活カリキュラム」と呼ぶが、これまで「基本的生活習慣の形成」という言葉で呼ばれることの多かったこのカリキュラムは、「体験の反復性を基礎に、心地良い生活文化と、心地良く機能する身体性の形成」を目標に取り組まれるカリキュラムとして位置づけなおされる必要がある。

つまり、「心地良い身体感覚」と「生活文化」の形成・獲得という課題に向けて取り組まれるカリキュラムだが、保育者との安定した関係を基礎に、実際には次の二種類に、その活動内容を分類することができる。

A　基本的生活活動……食事、睡眠、排泄、衣服の着脱、清潔・健康管理といった、生活習慣や生活技術の獲得に関わる活動

B　日常的生活活動……生活を営む基礎集団（班・グループ）の形成、当番や係活動といったクラス運営活動

生活カリキュラムで身につける力のうち、特にAの基本的生活活動については、家庭の中でも獲得するものである。しかしながら、長時間保育が常態化し、家庭生活が多様化してくる中、幼

稚園・保育園における「生活カリキュラム」の意味が、相対的に高まっている現実がある。

特に保育時間の長時間化が進む保育園にあっては、休息時間も含めて、一日の生活の流れをどのように作り出すかという問題が重要な課題となっている。考えて見れば「何もしない時間を過ごす権利」など、家庭の中では考える必要のないことも、集団保育の場で意識的に位置づけていくことが、課題となっているのである。

重要な点は、「生活カリキュラム」を支える視点として、「心地良く活動する身体感覚」と「心地良い生活文化」を育てていくということを、保育カリキュラム論の中に正しく位置づけることにある。つまりそれは、強制された生活でもなければ、放置・放任された生活でもない、「心地良さ」を対話的関係の中で獲得していくカリキュラムでなければならないのである。

たとえばここで身につけさせようとしている生活文化・生活習慣は、子どもの内側から自然に育ってくるものではない。つまり基本的には、保育者の側が考え、確立してきた時間の流れであり、行動様式なのである。そしてその場合、一人ひとりの中に育ってきた「生理的リズム」と、要求される「生活習慣」との間にズレが生じることもあるわけだし、家庭で身につけた「生活文化・様式」と園で要求される「生活文化・様式」にズレが出てくることも、大いに考えられることなのである。

問題が難しいのは、ここで要求する生活文化・様式に関して、絶対的に正しい基準が存在しているわけではない点にある。給食の前に歌を歌うのはなぜなのか、昼寝なのになぜ着替えるのか、朝の会は何のためにするのかといった素朴な問題に関しても、実際には園によって考え方も、やり方も大きく異なっているのである。そしてそれと同時に、日常生活の基盤を形成する班（グループ）の作り方についても、当番活動、係活動についても、あるいは異年齢交流のあり方についても絶対的な方法があるわけではない……。

しかしながらそれだけに、文化として園生活をデザインする責任が保育者にはあると言わなければならない。心地良い生活文化を保障する中で、子どもの「生理的リズム」を「生活リズム」へと移行させ、そしてそうやって過ごしていく「生活リズム」を、身体化された「心地良さ」として子どもに獲得させせていくことが重要になってくるのである。

そしてその場合、「他律」から「模倣」へ、そして「模倣」から「自律へ」という発達の流れに対応しながら実践が組織されることがたいせつになる。特に「模倣要求」は生活文化獲得のポイントとなる要求であり、大人がデザインした生活文化を、子どもが主体的に学び取っていくためにも、「あこがれ」や「願望」の感覚を基礎に、模倣する環境を整えることが重要になる。そして年齢が上がっていくと、それを自分で考えながら判断する「自律的な生活」へと高めていくことが重要になる。

図1において、「生活カリキュラム」を座標面Dを中心に位置づけたのは、子どもの「模倣要求」を軸に「生活カリキュラム」を創造する重要性を考えたからである。とかく「押しつけ」的になりがちな「生活カリキュラム」ではあるが、最初はAの座標面で「心地良い生活文化」を保

育者の側から提示し、働きかけていった活動が、しだいに「模倣要求」を基礎にしたDの座標面を中心とした活動となり、そしてCの座標面で、自ら自律的に活動に取り組むところまで育てていくのが理想である。

もっともそうはいうものの、この生活カリキュラムをこのような道筋で展開していくことは、実際にはかなり困難を伴うことになる。保育者が特に苦労するのが、一歳半から三歳にかけての幼児前期と、それに続く幼児中期（三歳～四歳半）の頃である。子どもの中に自己主張する「自我」の世界が芽生え、それが拡大していく時期である。外に向かって自分の要求を強く自己主張する時期と、生活習慣や生活文化を身体化する時期が同時にやってくるわけだから、どうしても子どもの中に混乱が生じることになる。

しかしながらそうした困難と向き合いながら、「心地良い」経験を繰り返し体験することを通して、メリハリの利いた、活動的な身体と心の状態を子どもの中に育てていくことが、「生活カリキュラム」の最大の課題なのである。その際、園のルールだからと一方的に押し付けるのではなく、声にならない要求も含めて、一人ひとりの子どもと対話しながらカリキュラム（経験の履歴）を作り出していくことが大切になる。

いずれにしても生活カリキュラムは、人間として生きていく力の基礎を育てることを目標に、対話的保育カリキュラムの基底部分を構成する大切なカリキュラムの一つだと考えることができるのである。

6　対話的保育カリキュラムの四重構造

さて、「モノの世界」との対話的関係を保障する「環境構成カリキュラム」、「人との関係」を基礎に文化的経験の共有を重視する「経験共有カリキュラム」、価値や未来に向かって共同して挑戦する「生成発展カリキュラム」、そしてさらに、子どもたちに心地良い生活文化と身体感覚を育てていく「生活カリキュラム」と、四種類の保育カリキュラムについてこれまで検討してきたが、この四種類のカリキュラムがアンサンブルのように心地良く絡み合って、対話的保育カリキュラムの内実が作られていくということになる。

すでに何度も指摘したように、保育カリキュラムは幼稚園・保育園で保育者と子どもが共同して作り上げていく「経験の総体」を指す概念である。子どもたちの「経験」を規定するのは、「保育内容（活動）」と「保育方法（関係）」だが、これらの内、保育実践において、より規定的な役割を果たしているのは「関係性」のほうである。

なぜなら同じ活動を経験しても、それがどんな関係の中で展開されたかということで、その意味するものは大きく異なってくるからである。先に、保育カリキュラムを「子ども中心保育カリキュラム」「保育者中心保育カリキュラム」「対話的保育カリキュラム」の三種類に分類したのは、この「関係性」に対応したものだったのである。

　これに対して、ここで検討してきたカリキュラムの四類型は、これに「内容論」を加味して保育カリキュラムを分類したものである。先にスコープ（内容領域）というカリキュラム概念を紹介したが、これに対応して分類したものだと言えばいいだろうか。

　当然のことながら、このスコープ（内容領域）で分類された保育カリキュラムは、「対話的保育カリキュラム」だけでなく「保育者中心保育カリキュラム」にも、あるいは「子ども中心保育カリキュラム」にも、存在するカリキュラムなのである。

　それらの関係を整理したのが、**表1**である。

　表の中で網がかかっているのが、それぞれの保育カリキュラムを特徴づけるカリキュラムであり、「対話的保育カリキュラム」は「生成発展カリキュラム」、「保育者中心保育カリキュラム」は「経験共有カリキュラム」、そして「子ども中心保育カリキュラム」は「環境構成カリキュラム」となっている。

　このうち、「生成発展カリキュラム」が「対話的保育カリキュラム」にしか位置づけられていないのは、このカリキュラムが対話的・相互主体的関係によってしか成立しないからにほかならない。たとえば「保育者中心保育カリキュラム」の場合は、

子ども中心保育カリキュラム
（絵本・紙芝居・歌等）
自発性重視の探求的活動
自発性と個性重視の生活

表1　「関係論」と「内容論」で分類した保育カリキュラム

関係論 / 内容論	対話的保育カリキュラム	保育者中心保育カリキュラム
生成発展カリキュラム	協同的・創造的活動（プロジェクト）	
経験共有カリキュラム	共感性を基礎にした文化共有活動	計画性重視の課題達成型活動
環境構成カリキュラム	自発性を基礎にした探求的活動	（自由遊び・休息）
生活カリキュラム	心地良い生活文化・身体感覚	規則正しい規律的集団生活

同じような活動に取り組んだとしても、けっきょく保育者が立てた計画に子どもを従わせることになり、「生成発展カリキュラム」ではなく、「経験共有カリキュラム」になってしまうのである。あるいは「子ども中心保育カリキュラム」の場合は、たとえ子どもから活動が生起してきても、それは「環境構成カリキュラム」のレベルにとどまってしまい、プロジェクト型の「生成発展カリキュラム」には発展していかないのである。

もちろんこうした関係は、たとえば「経験共有カリキュラム」に関しても言うことができる。たとえ同じ活動に取り組んだとしても、「保育者中心保育カリキュラム」の場合は保育者の計画性・指導性を発揮しながら活動を展開していくのに対して、「子ども中心保育カリキュラム」の場合は、参加したい子だけが参加するといった形で、かなり子どもの自主性に任されることになっていく。これに対して「対話的保育カリキュラム」の場合は、「共感性を基礎に文化を共有する」視点から、あくまでも対話的にこの活動も取り組まれていくことになる。

ところで問題は、「対話的保育カリキュラム」における保育カリキュラムの四重構造である。本書で展開する「対話的保育カリキュラム」の立場に立てば、つまり徹底的に対話的な関係で四つの保育カリキュラムを創造するとすれば、これら四つのカリキュラムはいったいどのように特徴づけることができるのだろうか。

こうした視点から対話的保育カリキュラムの四重構造を整理し直したのが**表2**である。

たとえばすでに見てきたように、子どもに共感的能力を育て、文化を共有する喜びを獲得させていく「経験共有カリキュラム」は、保育者が意識的・組織的・計画的に導いていくことが大きな意味を持つカリキュラムであった。

同様に「生活カリキュラム」も、保育者の責任でデザインしていくことが重要になるカリキュラムであり、いったい何が「心地良い生活文化」なのかといった問題は、ただ子どもたちに任せているだけで獲得させることのできない課題なのである。

つまり、これら二つのカリキュラム（経験の履歴）は、保育者の先導性を基礎に展開されることに意味があるカリキュラムだと整理することができるのである。

具体的活動内容
プロジェクト 【文化創造活動】 【要求実現活動】 【総合的表現活動】
文化共有活動 【絵本・紙芝居・物語】 【音楽・手遊び・あそび歌】 【社会的・文化的経験】
探索的・探求的活動 【自然への興味・関心】 【遊びの生成・展開】 【科学的・探求的活動】
生活文化の獲得 【基本的生活活動】 【日常的生活活動】 【飼育・栽培活動】

これに対して「環境構成カリキュラム」のほうは、子どもの主体性・能動性がフルに発揮できるように環境を整え、そこで生成される「意味」の世界に共感し、意味づけていく関

表2　対話的保育カリキュラムの4類型

	形成する能力の目標	カリキュラムの特徴	保育者ー子ども関係
生成発展カリキュラム	**創造的想像力** 【知の統合化】 【共同性・協同性の形成】	共通の価値・目標に向かって、「未完のシナリオ」を協同して完成させるカリキュラム	保育者と子どもとの協同的・相互主体的関係 **保育者⇔子ども**
経験共有カリキュラム	**共感的知性** 【共感能力の形成】 【物語的思考力の形成】	共感的関係を基礎に、経験・文化を共有するカリキュラム	保育者の計画性・指導性が主導する関係 **保育者＞子ども**
環境構成カリキュラム	**探究的知性** 【知的探究心の醸成】 【論理的思考力の形成】	豊かな環境の中で、子どもの興味・関心に基づきながら展開されるカリキュラム	子どもの主体性・能動性が主導する関係 **保育者＜子ども**
生活カリキュラム	**身体的知性** 【心地良い身体感覚の形成】 【心地良い生活文化の獲得】	体験の反復性を基礎に、心地良い身体感覚と生活文化を保障するカリキュラム	保育者の計画性・指導性が主導する関係 **保育者＞子ども**

係が保育者に要求されることになる。

重要な点は、この「環境構成カリキュラム」の中で生じた様々な「物語」が、「対話的保育カリキュラム」を特徴づける「生成発展カリキュラム」の糸口になっていく点にある。したがって保育者は、「環境構成カリキュラム」の中で面白がり、不思議がりながら活動する子どもたちの姿を、ていねいに記録し、それをどのように発展させていこうかと考えながら保育することが重要になってくるのである。

そして、これらの力を総動員し、出口の見えない活動を、ドキドキするような感覚を共有しながら、対話的・相互主体的・共同的に活動を展開していくのが「生成発展カリキュラム」である。幼児中期までに獲得した対話能力と対話的知性とを総動員しながら活動を展開する、幼児後期の子ども集団の姿を作り出すことが、このカリキュラムでは期待されることになる。

さて、以上のようにして子どもたちは、幼稚園・保育園の生活の中で、四種類の違ったタイプのカリキュラムを経験していくことになる。そしてこの四つの違ったタイプのカリキュラムで獲得した力を自分の中で一つにつなげ、かけがえのない「自分の物語」を創造していく営みを、「経験の履歴」としての保育カリキュラムを創造する営みと考えてきたのである。

重要な問題は、こうして四種類のカリキュラムを通して得た力を、急いで一つに統合させようとしないことである。子どもたちは、自ら獲得した力が、相互に矛盾したり、ずれたりしていても、それを共存させながら、まずは生きていくのである。そして自分自身の中で矛盾を自覚し、その矛盾を克服しようと思ったとき、新たな飛躍に向けた活動が始まっていくのである。

対話的保育カリキュラムを象徴する「生成発展カリキュラム」は、まさにそのようにして子どもの中に育ってくる、矛盾を克服したいという要求や、共通の価値や願望に向かって「背伸び」したいという人間らしい要求を子どもの中に見出し、その要求を自ら自覚させ、その実現に向けて仲間といっしょに挑戦していこうとする子どもたちのエネルギーを引き出しながら展開するカリキュラムであった。

幼児後期にこうした「経験の履歴」を自分のものにした子どもたちは、主体的であると同時に共同的であろうとする「対話的自己」として、自らを成長させていくことになっていくのだが、そのためにも私たちは、乳幼児の発達と保育カリキュラムの関係に関する議論に、さらに論点を移していく必要がある。

7　保育カリキュラムの順序性と保育目標

つまり、四種類に類型化されたカリキュラムの構造と順序性を、子どもの発達段階に対応させる形で、どのように位置づけるべきかという問題である。

保育カリキュラムの順序性に関しては、これまで「シークエンス」というカリキュラム概念で語られてきたが、「経験共有カリキュラム」「環境構成カリキュラム」「生成発展カリキュラム」「生活カリキュラム」と四つに分類された保育カリキュラムは、さらにその構造そのものを、年齢・発達段階に対応して変化・発展させることが重要になる。

たとえば生成発展カリキュラムは、幼児中期あたりからカリキュラムとして機能するようになり、幼児後期の段階で花開いていく点に特徴があった。したがって乳児期・幼児前期の段階では具体的な意味を持たず、幼児中期の段階で登場させていけばいいことになる。

これに対して生活カリキュラムのほうは、乳児前期から重要な意味を持つことになるが、子どもたちが自律的に生活文化と向き合うことができるようになってくるにしたがって、カリキュラム全体に占める比重は小さくなっていく点に特徴がある。

つまり、子どもの発達段階に対応して四つのカリキュラムの構造も変化・発展していくのだが、その関係を規定するのが、実は子どもの対話能力の発達段階なのである。

一般に乳幼児の対話能力は、「モノの世界」と対話する能力と、「人の世界」と対話する能力という二つの対話能力を、別個の論理と道筋で形成していくと考えられている。

たとえば、人間を「意味で編まれた物語を生きる」存在ととらえる浜田寿美男は、乳児の段階にあって子どもは、「ものの世界」を対象に意味生成する「意味の第一基層」と、「ひとの世界」を対象に意味生成する「意味の第二基層」という二種類の意味世界を発達させると整理している。ここで「基層」というのは、知性の基底に位置する身体レベルの「かしこさ」を意味しているのだが、「反射」「情動」という身体の機能に結びつけながら二つの意味世界が発達していくことを、浜田は**図2**のような概念図で整理している。[8]

「反射」の機能が主として「ものの世界」に関わり、「情動」の機能が「ひとの世界」と主に関わっていくというわけだが、たしかに乳児期はこの二つの機能を、別個の論理と道筋で発達させていくということができると思う。

ところがこうやって初期段階において別個の論理と道筋を持ちながら形成された二つの意味世

界は、やがて子どもの中で交わり、新しい意味世界を創りだすようになっていく。自我が芽生え、言葉で意味づけることができるようになってくる幼児期は、まさにそうやって自我の力を駆使しながら、仲間と一緒に「未来」を創造していくことが可能になっていく時期なのである。

つまり子どもたちは、「モノの世界」と対話し、「人の世界」と対話し、そして自分自身と対話しながら「未来」と対話する主体へと成長していくのである。そしてこの三種類の対話能力の発達段階に対応させて、「環境構成カリキュラム」「経験共有カリキュラム」「生成発展カリキュラム」の構造と内容を発展させていくことが求められているということなのである。

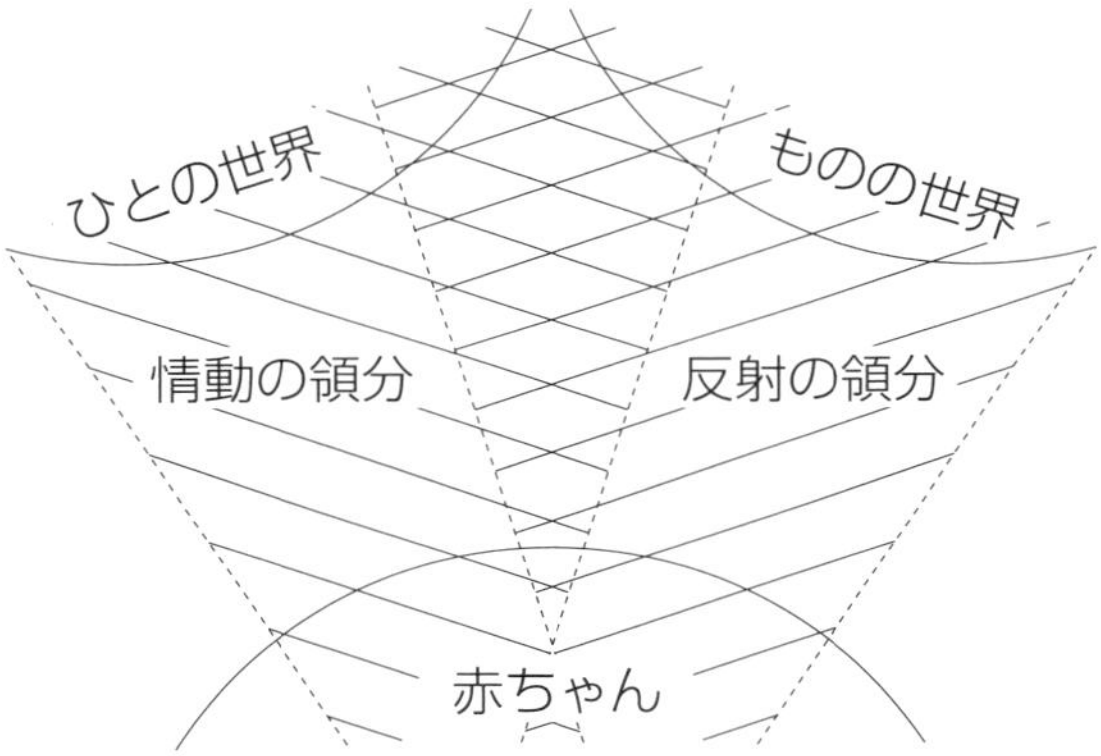

図2　意味生成の二つの基層
（出典　浜田寿美男『意味から言葉へ』ミネルヴァ書房、1995年、p.97）

重要な点は、この三種類の対話能力の発達段階が、そのまま対話的保育カリキュラムの保育目標として位置づいていく点にある。

さてそれでは、子どもの発達に対応して、三つの対話能力がどのように形成されていくのか、乳児期（誕生～一歳半）、幼児前期（一歳半～三歳）、幼児中期（三歳～四歳半）、そして幼児後期（四歳半～六歳）の四つの段階に分けて議論を進めていくことにしよう。

8 対話能力の発達段階と保育目標

(1) 乳児期に形成される二つの要求(誕生～一歳半)

まず、言葉を獲得する前の乳児期である。この時期の子どもの能力は、まさに「要求」に牽引されながら形成されていくと考えることができるが、その「要求」はさらに、「モノの世界」との対話的関係を基礎づける「五感的・探索的要求」と、「人の世界」との関係を規定する「情動的・同調的要求」とに分類することができる。

このうち「五感的・探索的要求」のほうは、「反射」を含んで五感の力を駆使しながら、外の世界を興味と関心の対象として認知しながら関わっていく子どもの要求である。

五感といっても、乳児前期・中期の段階で特に大きな力を発揮するのが視覚の世界であるが、視覚の力に牽引される形で、「モノの世界」に対する要求が豊かに育ってくるのが、この時の特徴である。

乳児前期（誕生〜生後六ヵ月）の段階で、目（視覚）と声の協応関係を獲得した二ヵ月頃の子どもが、やがて生後四ヵ月頃になると目（視覚）と手の協応関係を獲得し、そして六ヵ月になると、全身で要求を表現するようになってくる。

そして生後六ヵ月を過ぎる頃に、寝返りやハイハイする力を獲得すると、今度は自由になった身体をフルに使って、さかんに探索行動をするようになっていく。「モノ」と対話する「対物対話能力」の基礎は、このような道筋で形成されていくのである。

これに対して「情動的・同調的要求」は、「情動」機能を働かせながら「人」と関わる力を獲得しようとする要求である。特に生後六ヵ月を過ぎる頃になると、子ども自身が積極的に人とのコミュニケーションを求めるようになってくる点に特徴がある。

つまり、生後六ヵ月を過ぎる頃になると、子どもたちは情動的交流（コミュニケーション）要求を表現するようになってくるのだが、こうやって子ども自身がコミュニケーションを求めるようになってきたとき、あやし遊び・わらべ歌といった「あやし文化」を子どもと共有する意識的な働きかけをすることで、子どもの情動的要求は、さらに大きく育っていくことになる。

同じ歌が、同じ遊びと共に繰り返されることで、子どもたちは人間と関わる、「心地良さ」の身体記憶を獲得していくのである。そしてそうした経験が積み重ねられ、やがて生後一〇ヵ月を過ぎる頃になると、エリクソン（E.H. Elikson. 1902-1994）が「基本的信頼感」[9]と呼んだ、特定の大人に対する安心と信頼の感覚を獲得するようになっていく。

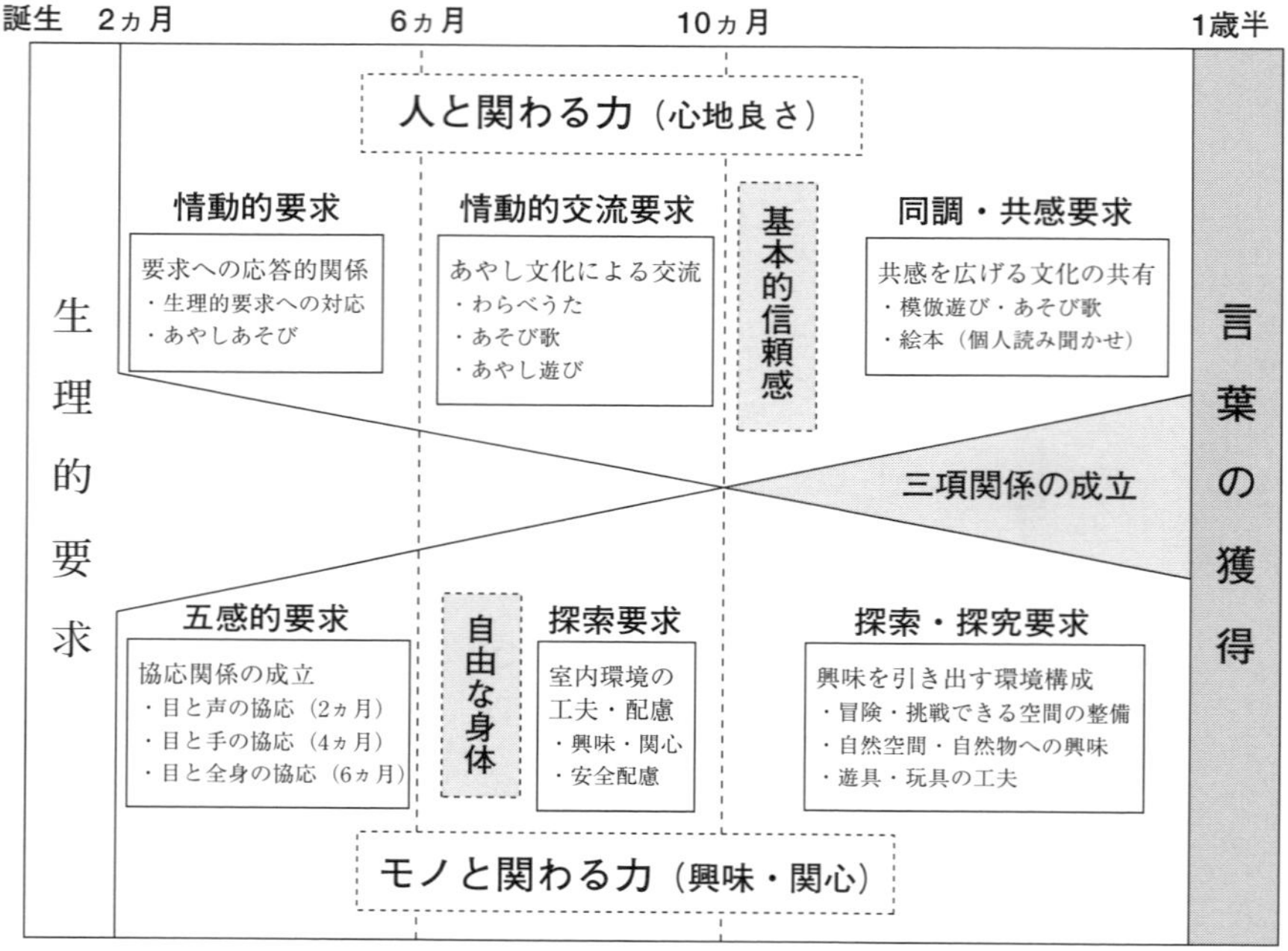

図3　乳児期に形成される二つの対話要求

この時期、子どもたちは「人見知り」とか「後追い」といわれる行動を盛んにするようになっていくのだが、これらはすべて、特定の大人を求める、その子なりの「こだわり」の表現なのである。

そしてそうやって獲得した「基本的信頼感」を基礎に、生後一〇ヵ月を過ぎるようになってくると、今度は親や保育者の行動を注視するようになり、やがて大人たちの行動に同調・模倣しようとする「同調要求」「模倣要求」が形成されるようになってくる。そしてこうした力が、「人」と対話する「対人対話能力」の基礎となっていくのである。

重要な点は、乳児後期の段階になると、「モノ」との間で形成した「五感的・探索的要求」と、「人」との間で獲得した「情動的・同調的要求」とを結びつけ、それらを同時に表現することが可能になってくる点にある。これが「モノ」と「人」と「自分」との間をつなげる、三項関係成立の基礎となり、「指差し」になって現われてくるのである。そしてこうした体験が、言葉の獲得へとつながっていくのである。

以上の関係を整理したのが**図3**である。乳児期に形成される二つの要求が、ある法則性をもちながら形成されている様子を、理解してもらうことができると思う。

(2) 三つの対話的知性が形成される幼児前期（一歳半〜三歳）

言葉を獲得する一歳半を過ぎる頃から三歳の誕生日ころまでを幼児前期と呼ぶが、この時期は要求に言葉がつながって、知性の世界が大きく開花していくことになる。

「五感的・探索要求」は「探究的知性」へと成長し、「情動的・同調的要求」は「共感的知性」へと発展していくが、重要な点はこの時期、第三の知性とでも言うべき「虚構的知性」が、想像力とともに誕生・発達していく点にある。

このうち、「探究的知性」のほうは、五感の機能に誘引されながら形成されてきた乳児期の興味・関心が、目的的な活動として展開されるようになっている点に特徴があるのに対して、「共感的知性」のほうは、大好きな保育者や親が歌ってくれる歌の歌詞や、読んでくれる絵本の中身や、語ってくれる様々な言葉が、同調的・共感的に形成される点に特徴がある。

たとえば、ここでいう「探求的知性」を「前言語的思考」という言葉で特徴づけたのはL・S・ヴィゴツキー（*Л. С. Выготский* ,1896-1934）であったが、同時にヴィゴツキーは、意味（思考）が曖昧なまま言葉が先行する「共感的知性」のほうには、「前知能的ことば」（前意味的言語）という名前を与えている[10]。

実際、この時期の子どもたちは、「モノの世界」と向き合っているとき、けっこう寡黙なのである。しかし彼らは、たしかに考えているのである。泥団子を丸めながら、まるで「気分は職人」という雰囲気で活動を繰り返していくのである。それは、「身体で考える」という言葉がピッタリの感覚で、実にかしこそうな表情なのである。たとえ「言葉」は少なくとも、身体でいっぱい考えている、「前言語的意味（思考）」の世界が豊かに育つ時期なのである。

一方二歳児は、お話の世界を、歌の世界を、あるいは保育者が語った言葉の世界を、大切に自分の言葉で語ってくれる時期でもある。「順番」の意味はよくわからなくても、保育者に言われて、けなげに「ジュンバン、ジュンバン」と繰り返す世界は、たしかに「前意味的言語」という言葉がピッタリなのである。意味の前に、共感的関係にのせてたくさんの言葉を覚えていく、そんな二歳児の姿をていねいに育てていくことが、この時期の課題でもある。

さてこうした中、二歳児の段階で、新しい知性が芽生えてくる。現実に存在しないものを頭に思い描く、「虚構的知性」と呼ばれる知性がそれである。

最初この力は、「みたて遊び」「つもり遊び」と呼ばれる遊びの中で生じてくる。鉛筆を箸にみたてて食事の真似をしたり、自分が猫になって遊んだりと、頭の中に作り出した想像の世界を、その世界に入り込んだら抜け出せない、そんな感覚で遊んでいくのである。

　ただし乳児前期の子どもたちは、頭の中に描いた「虚構的知性」を他者と共有することは得意ではない。一般に「平行遊び」といわれる、一見するとバラバラな関係の中を、しかし刺激しあいながら遊んでいく、実に不思議な仲間関係を生きていくのがこの時期なのである。

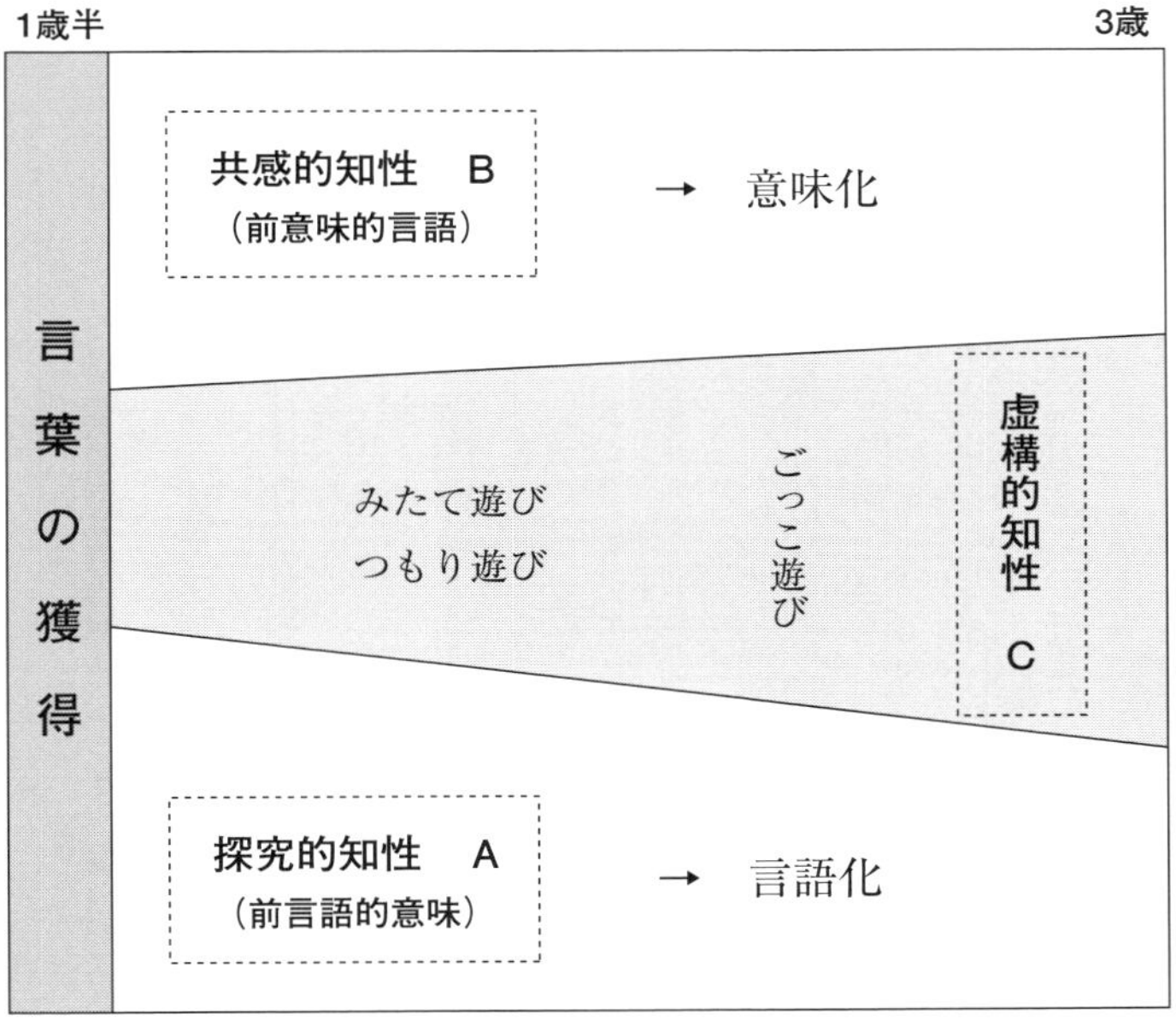

図4　幼児前期に形成される三つの対話的知性
（2歳児に焦点をあてて）

　幼児前期に形成される三つの対話的知性の形成過程を整理したの

が図4である。

保育者は、この三つの対話的知性をていねいに育てる保育実践を作りだすとともに、「探究的知性」は「言語化」する方向で働きかけを繰り返し、「共感的知性」は「意味化」する方向で働きかけていくことが、大切な仕事となる。

(3) 虚構的知性に牽引されて知性の再編がされる幼児中期(三歳〜四歳半)

幼児前期に誕生した「虚構的知性」「想像力」が、さらに大きく育っていくのが幼児中期である。表面的には「ごっこあそび」を中心とした虚構場面を伴う遊び・活動になって現われるこの時期の発達は、「虚構的知性」が「創造的想像力」として機能していく点に最大の特徴があるといえるが、同時に「内言」といわれる思考力が豊かに育ってくるのもこの時期でもある。

この、「第三の知性」とでも言うべき「創造的想像力」が発達していく過程で、「前言語的意味」として機能してきた「思考」の世界と、「前意味的言語」という特徴を持った「言葉」の世界とが交叉し、「思考の言語化」と「言語の思考(意味)化」という現象が起きると説明したのは、これまたヴィゴツキーであった。

子どもにおける思考と言葉の発達からわれわれが知るもっとも重要なことは、早い頃(ほぼ二歳ごろ）に現われる一定の時期に、それまで別々に進んできた思考と言葉の発達路線が交叉し、一致するようになり、人間に固有のまったく新しい行動形式に出発点をあたえることにある。(11)

ヴィゴツキーがここで「人間に固有のまったく新しい行動形式」と表現したのは、言語を使って思考する人間の行動様式にほかならないが、まさにこうした人格の核心部分を構成する知性が、「虚構的知性」と「想像力」を拡大させる過程で、独特な発達をとげていく点に、幼児中期の特徴があるということができるだろう。

実際、幼児中期の子どもたちは、現実に体験したことも、絵本で聞いた話も、同じようにリアルな感覚で認識する特徴がある。こうした子どもの特徴を「混同心性」という言葉で表現したりもするが、これが四歳半を過ぎる頃になると、しだいに現実世界と虚構世界とを区別しながらつなげていく、「大人」のような思考様式を持った主体の世界へと成長するようになってくるのである。

またこれとは別に、保育カリキュラムのシークエンスという点で、あと一点だけ、考えておかなければならない問題がある。それは、いわゆる「ごっこあそび」を中心とした虚構的世界が発達してくる幼児中期（三歳～四歳半）の保育実践に関する問題である。

先にも指摘したとおり、この時期の子どもたちは混同心性的思考が支配的となる、独特の発達段階を生きている。この混同心性的思考を、「心理的融合状態」という言葉で表現するのは加用文男であるが[12]、子どもたちを見ているとたしかに、「混同」というよりむしろ、「融合」という感覚のほうが適切なように私には思えるのである。

ただ問題は、そうした心理状態にある子どもたちの生活を、教育的にどう組織していけばいいのかという保育カリキュラム上の問題である。ある人は「融合状態」から目を覚まさせ、早くそうした混乱から脱却させることが「教育」の役割だと言い、ある人は自然に任せておけばよいのだと言う。また別の人は、意識的に「融合状態」を体験させるべく保育カリキュラムを創造することに意味があると言ったりする。

私自身は、早急に子どもたちを客観主義者へと導いていくことは避けるべきだと考えている。そしてやがてやってくる幼児後期（四歳半〜六歳）の飛躍を作り出すためにも、現実体験も虚構体験も平等にリアルに感じる、矛盾を含みこんだ不思議な時期を、ゆったりした時間とともに過ごすことを、子どもの権利として保障すべきだと考えている。

(4) 思考する主体として活動する幼児後期（四歳半〜六歳）

「混同心性的思考」に特徴を持つ幼児中期を過ぎる頃になると子どもたちは、しだいに自分の経験した知的世界を、現実に体験した「生活的・自然発生的概念」と、論理的に整理された「社会的・科学的概念」とに分類し、これら二つの概念世界をつなげながら、仲間とともに課題の探究や、価値の創造に向けて努力する、思考する主体として成長・発達するようになっていく。

こうした幼児後期の子どもたちの行動を規定しているのは、何といっても「思考力」である。この時期に発達する思考力を「物語的思考」と「論理的思考」とに分類して説明したのはJ・S・ブルーナーであったが、[13] まさに幼児後期の子どもたちは、これら二つの思考力をフルに活躍させながら、課題に立ち向かっていこうとするのである。

幼児後期の子どもたちに、ある種の「有能さ」を感じるのはそのためでもあるが、それが個人の「有能さ」ではなく、集団の「有能さ」として発達していく点に、この時期の特徴があることも忘れてはならない。そしてそのようにして幼児後期に形成されたすべての力を統合し、牽引していこうとするのが、この時期に成長する「創造的想像力」なのである。

もちろんそうはいうものの、幼児後期の子どもたちが、すっきりとすべての力を統合しながら活動できるかと言えば、それはそんなに単純なものではない。子どもたちはこの段階にいたってもまだ、つながらない自我の世界にいらだったり、仲間とのトラブルが調節できずに力で向かっていったりと、矛盾と葛藤を抱え込みながら生活しているのである。

しかしながらそれでも、自らの中に形成した知性と思考力とを総動員しながら、より価値のあるものに向かって、共同して意味を創造することが可能になる時期、それが幼児後期という時期なのである。

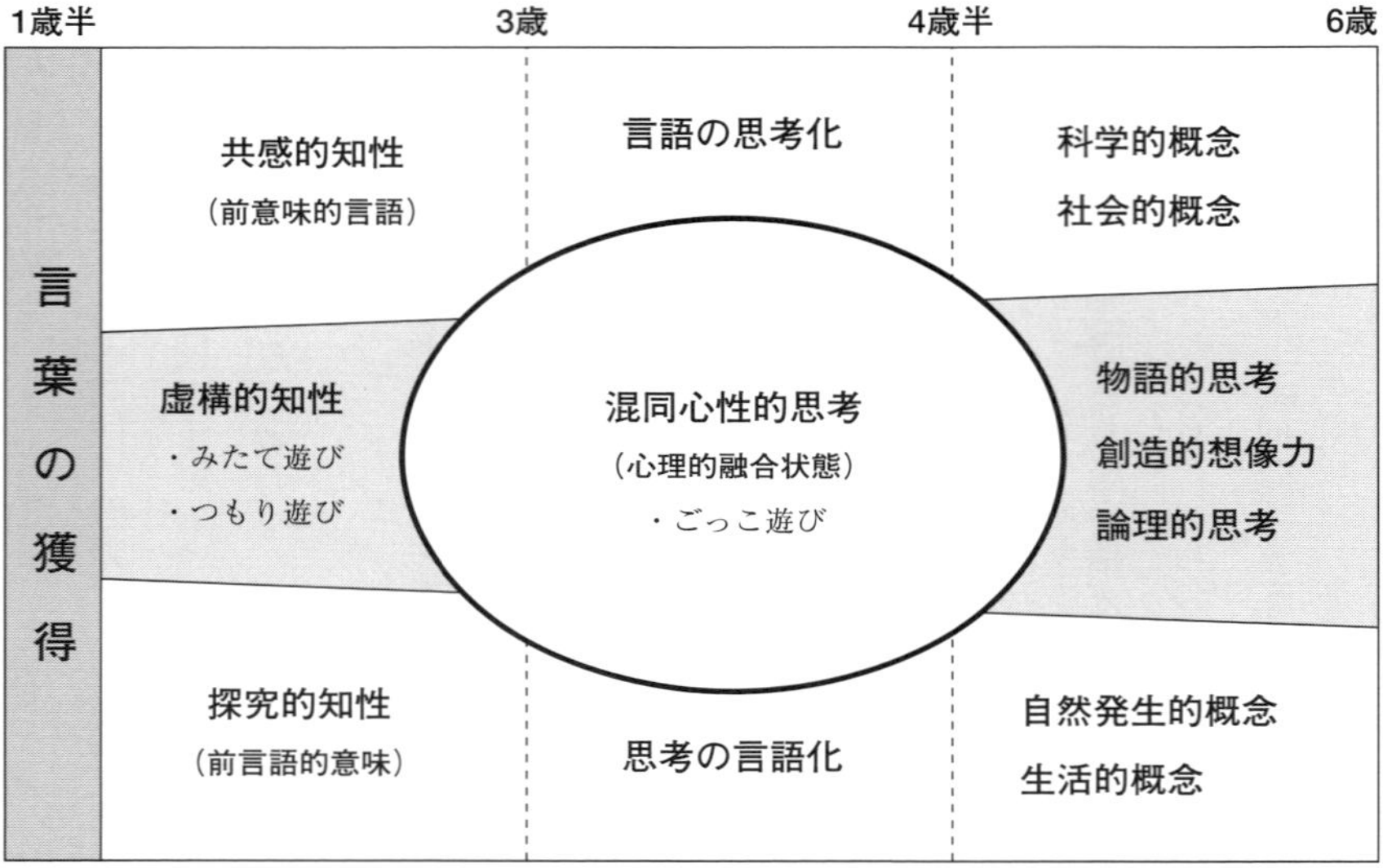

図５　幼児期における対話的知性の発達過程

この幼児後期にいたるまでの知性の形成過程を整理したのが**図５**である。三歳から四歳半の幼児中期という時期をはさんで、子どもたちの知性は質的に大きく転換することを理解してもらえると思う。四歳半以降になると、子どもたちは大人と同じような知的構造を持つようになっていくのだが、「混同心性的思考」と呼ばれる幼児中期の生活が、実はかなり大きな意味を持っていることが分かる。つまり、「知の再編」を伴う「経験の履歴」を、幼児中期から後期にかけて展開される保育実践の中で、いったいどのように作っていくのかということが、実は保育カリキュラム編成上の大きな課題となるといえよう。

9　発展する対話的保育カリキュラム

以上見てきた、子どもの発達とカリキュラムの関係を整理したのが表3である。子どもたちに育てるべき対話能力に対応する形で、「生活カリキュラム」を基礎に、「環境構成カリキュラム」「経験共有カリキュラム」「生成発展カリキュラム」という三つのカリキュラムが、複雑に絡み合いながら発展していく姿を読み取ることができると思う。

重要な点は、四種類に分類された保育カリキュラムが、子どもの対話能力の発達に対応する形で、構造的にも、内容的に発展していく点にある。

「構造的」という点では、生活カリキュラムに環境構成カリキュラムと経験共有カリキュラムとを加えた三重構造で構成されていた乳児期の保育カリキュラムが、幼児期になると生成発展カリキュラムを加えた四重構造になっていくということなのである。

乳児期の保育カリキュラムが、生活カリキュラムに加えて環境構成カリキュラムと経験共有カリキュラムで構成されているのは、環境構成カリキュラムが「探索・探求要求」の形成を目標とし、経験共有カリキュラムが「情動・同調要求」の形成に関わっているからにほかならない。つまり、乳児期に育てるべき二つの対話能力を、二つのカリキュラムで育てようというわけである。この場合、「探索・探求要求」の形成を目標にした環境構成カリキュラムが、子どもの主体性・能動性を基本に展開されるのに対して、「情動・同調要求」を育てる経験共有カリキュラムは、保育者の意図的・計画的働きかけを基本に展開されていく点に特徴がある。言い換えれば、二つの対話能力を獲得していく「経験の履歴」の作り方に、違いがあるということなのである。

さらに重要な点は、乳児後期（生後一〇ヵ月～一歳半）に、自分と他者とモノとを結ぶ三項関係を成立させることが可能になると、「探索・探究要求」と「同調・共感要求」を言葉で表現する「知性」が育ってくると同時に、「内言」といわれる思考力が豊かに子どもの中に育つようになっていく点にある。目の前にないものを想像することができる想像力を基礎に形成した「虚構的知性」は、「創造的想像力」

幼児前期	幼児中期	幼児後期
子どもの姿⇒記録（省察）⇒活動のデザイン（計画）⇓実践（実践から記録へ戻る矢印）		
マテマテ遊び		
あそび歌・歌	あそび歌・歌	演奏活動
ルール遊び	ルール遊び	ルール遊び
絵本・紙芝居	絵本・物語	幼年文学
運動遊び	運動遊び	スポーツ的遊び
絵画・造形活動 構成遊び 探求的遊び みたて遊び つもり遊び	散歩・探検遊び 絵画・造形活動 構成遊び 探求的活動 ごっこ遊び 飼育・栽培活動	散歩・探検遊び 絵画・造形活動 構成遊び 探求的遊び ごっこ遊び 劇遊び 飼育・栽培活動
	飼育活動 栽培活動	飼育活動 栽培活動
生活の自立 生活文化の体験	生活文化の獲得 生活技術の獲得	生活文化の獲得 生活技術の獲得
安心と自立	安心と自立	自立的関係
グループ	グループ・当番	グループ・当番

表3　対話的保育カリキュラムの4重構造

	活動の特徴	乳児前期	乳児中期	乳児後期
生成発展 カリキュラム	文化創造活動 要求実現活動 総合的表現活動 （行事的活動）			
経験共有 カリキュラム	経験共有活動 文化共有活動	情動的遊び	情動的遊び あやし遊び	情動的遊び あやし遊び 同調的あそび 絵　本 身体活動・運動
環境構成 カリキュラム	自発的遊び 偶発的遊び	機能的遊び	機能的遊び 探索的遊び	なぐりがき 機能的遊び 探察的遊び 模倣的遊び
生活 カリキュラム	飼育・栽培活動			
	基本的生活活動	生理的要求 ⇒生理的リズム	生理的リズム ⇒生活リズム	食・睡眠・排泄
	日常的生活活動	情動的交流	情動的交流活動	情動的交流 同調的行動

と呼ばれる「未来」を創造する力に発展していくことになる。

つまり幼児期の保育実践は、まずは別個に形成・獲得した「探求的知性」と「共感的知性」とを、「創造的想像力」という第三の知性（力）で統合し、価値や願望の世界に向かって、仲間と共同的・社会的に活動する力へと発展させていくことを重視しながら展開する必要が生じてくるのである。

こうした力を形成していくカリキュラムを生成発展カリキュラムと位置づけたが、幼児後期の「有能さ」を引き出し、共同性と主体性に満ち溢れた「誇り高き」幼児後期の子どもたちを育てていく、対話的保育カリキュラムの真骨頂とも言えるカリキュラムが生成発展カリキュラムなのである。そしてこのカリキュラムを加えることで、対話的保育カリキュラムは、幼児期になると四重構造で展開されるようになっていくのである。

以上みてきたように、対話的保育カリキュラムを構成する四つの保育カリキュラムは、子どもの対話能力の発達に合わせてダイナミックに発展させていくことが重要になる。そして問題は、子どもの対話能力の発達に対応して、具体的にどのように実践を組織していけばいいのかという点に移らなければならないが、この点については、さらに第Ⅴ部（下巻）で詳しく検討していくことにする。

〈注〉

（1）カリキュラムの呼称については、これまで学校教育において使われる呼称を援用してきた経緯がある。たとえば宍戸健夫は、カリキュラムを「教科カリキュラム」と「経験カリキュラム」に分類整理し、「経験カリキュラム」を「生活経験を主たる内容とするもの」と説明している。（宍戸健夫『実践の質を高める保育計画―保育カリキュラムの考え方』かもがわ出版、二〇〇三年、三八頁）しかしながら、同じような趣旨で展開されるカリキュラムに「生活カリキュラム」

という呼称があてられるなど、それぞれの呼称が、多様な概念を付与しながら使われてきた経緯がある。したがって本書においては、独自の概念を付与しながら四つのカリキュラムの呼称を使用することにする。

（2）「探求的知性」は、外界に対する興味・関心を基礎に、環境に対してさかんに「探索行動」をしてきた乳児が、「探索行動」を支えた「探索要求」に、目的意識性と言葉を媒介とした「意味世界」を付与したものをさす。この知性は、身体を通した思考を基礎に、論理的思考と共に発達していく点に特徴がある。

（3）レイチェル・カーソン『センス・オブ・ワンダー』（訳・上遠恵子）佑学社、一九九一年、二三頁

（4）同前、二一―二二頁

（5）「共感的知性」は、大人との同調・共感関係を基礎に、大人の語る言葉を共感的に取り入れる形で育つ知性を指す。語られる言葉の意味は完全に理解できなくても、「共感性」を背景に「言葉」を先行して獲得する知性ということができる。「共感的知性」とともに、世界を「物語」として読み解く「物語的思考」が育ってくる点が重要である。

（6）いわゆる「自己内対話能力」を獲得し、「自分」と向き合うことのできるようになった子どもを「対話的自己」という。エリクソンの言う「アイデンティティー」の概念に通ずるものがあり、自分の中の様々な知性を統一し、自己決定して生きる力をもった人格のことを言う。（ハー

マンス、ケンペン『対話的自己』（新曜社、二〇〇六年）参照）

（7）中央教育審議会答申「子どもを取り巻く環境の変化を踏まえた今後の幼児教育の在り方について」二〇〇五年一月二八日

（8）浜田寿美男『意味から言葉へ』ミネルヴァ書房、一九九五年、九七―九八頁

（9）エリクソンは、アイデンティティー形成の過程において、乳児後期を「基本的信頼」と「基本的不信」とがせめぎあう時期と位置づけたうえで、「母親的人物」との関係において「希望」を獲得することの重要性を主張している。

（10）ヴィゴツキー『新訳版・思考と言語』（訳・柴田義松）新読書社、二〇〇一年、一三四頁

（11）同前、一二七頁

（12）加用文男「ごっこ遊び」河崎道夫編著『子どものあそびと発達』ひとなる書房、一九八三年、一四八頁

（13）J・S・ブルーナー『教育という文化』岩波書店、二〇〇四年、五二頁

第4章

対話的保育カリキュラムが社会を変える

1 対話的関係とは何か

保育者と子どもたちとの対話的関係を基礎に、「対話的人格」の形成をめざして展開される保育カリキュラムが対話的保育カリキュラムである。

教育という営みを「対話的関係」という視点から論及した人物に、ブラジルの教育学者パウロ・フレイレ（Paulo Freire, 1921-1997）[1]がいる。フレイレといえば一般に「識字教育」で有名だが、彼が「識字教育」を強調したのは、被抑圧者にとって文字を持つことが、相手と対等な関係を作る必要条件と考えたからにほかならない。

つまり、被抑圧者を含めたマイノリティー（社会的弱者）が、自らの内側に対話能力を獲得し、そうやって獲得した力を駆使しながら対話的に生きていくことが、彼らを解放する真実の道だとフレイレは考えたのである。

重要な点はフレイレが、子どもたちの場合もまったく同様な問題を抱えていると考えた点にある。すなわちフレイレは、現代教育が「一方的語りかけという病に陥って」いると語り、そうした教育にあって子どもは知識を詰め込む「容器」とみなされ、その容器に詰め込むべき知識を満たせば満たすほど、教師は良い教師とみなされる、「銀行型教育」の考えに支配されていることを厳しく批判するのである。[2]

そしてそうした子どもたちを救うためにも「対話」に基づく教育が必要だと強調するのであるが、その際フレイレは、「教師の専制下で対話が成立しないように、自由放任主義の下でもやはり対話は成立しない」[3]と、教師中心主義の「伝達」型教育でも、子ども中心主義の「放任」型教育でも、対話は成立しないことを強調したのであった。

さてそれでは教育実践における「対話的関係」を、フレイレはいったいどのように考えるのであろうか。この点についてフレイレは、「世界を命名する人間同士の出会い」[4]の中に、「対話的関係」の本質があると語っている。

ここでフレイレが言う「世界を命名する」行為とは、乳幼児を含めて私たち人間が、周囲の世界に「意味」を見出し、そうやって見出した「意味」の世界に、自分なりの「言葉」を付与する行為だと言えばいいだろうか。

たとえば生後八ヵ月の子どもが、ハイハイしながら部屋の中を探索し、手にしたものを口に入れ、振り回し、遊んでいるとする。そのときその子は、自ら手に入れたモノに対して、その子なりの意味を見出していると考えることができる。もちろんそれは、言語で意味づけられているわけではないけれど、塗られた色を不思議がり、そこから出てくる音を面白がりながら、子どもたちは外の世界に、その子なりの「意味」を作り出しているのである。つまり、そういう意味で子どもは常に「意味を作る」（meaning making）存在だと考えることができるのである。

そんな子どもたちが、自分の作り出した「意味」の世界に「言葉」を対応させていくのは一歳の誕生を過ぎるころであり、それが外言として第三者に語られるようになるのは、一歳半を過ぎる幼児期になってからのことである。そしてそうやって自ら「命名」した「意味」の世界を駆使しながら、周囲の世界と対等に対話していくことが可能になるのは、四歳も半ばを過ぎた幼児後期になる頃のことなのである。

つまり、子どもたちのことを「意味」を作り出し、世界と「対話」しながら生きる主体ととらえたうえで、そうやって世界と「対話」する主体を、徹底した対話的関係の中で育てていこうとするのが、対話的保育カリキュラムなのである。

しかしながら、実際にはこの対話的関係を作りだすことが難しいのである。

対話的関係成立の条件を論じるフレイレの言葉である。

> 愛と謙譲と信頼に根ざすとき、対話は対等の関係になり、その論理的帰結として参加者相互の信用が生まれる。……人間に対する信頼は対話のための先験的要件であるが、信用の方は対話によって確立されるのである。[5]

これはたしかにそのとおりである。「対話のための先験的要件」とされる「人間に対する信頼」

は、まず保育者によって子どもに向けられなければならないのだろう。そして信頼に根ざした対話的関係を経験した子どもだけが、今度は保育者に対して「信用」を形成していくことが可能になっていくのである。

しかしながら、これだけで対話的関係が成立したとは言えないのだとフレイレは言う。

対話は希望がなければ存在し得ない。希望は、人間が未完成であるからこそ生まれるのである。そこから人間は、たえまない探究、すなわち他者との親交においてのみ遂行しうる探究へと出立する。(6)

これは、至言である。子どもは「未完成」だから「希望」を持つ。保育者も「未完成」だから「希望」を持つ。希望を持った人間同士だからこそ、未知なる世界を共同して探究することが可能になるとフレイレは言うのである。そして、「対話は、より豊かな人間になろうと努める人びとの出会い」だとフレイレは語ったうえで、究極の対話について、さらに以下のように指摘している。

真の対話は、批判的思考を含まない限り存在しえない。その思考は、世界と人間との不可分の結びつきを認め、その二分化を許さない思考である。現実を動かないものとしてではなく、過程や変容としてとらえる思考である。[7]

このフレイレの言葉には、対話する人間関係は、けっして甘えを容認しない関係であることが含まれている。そしてそこには、「人間をたえまなく人間化するために、現実をたえまなく変革する」ことを保育者・教師に求めるフレイレの思いが隠されている。

先にもふれたとおり、「教師の専制下で対話が成立しないように、自由放任主義の下でもやはり対話は成立しない」と語るように、フレイレは対話という言葉を、甘くやさしい人間関係を表現する言葉として語っているのではない。人間として成長し、人間らしく生きようとする人間同士の、厳しくも幸福な関係として位置づけているのである。

2　保育者が子どもと対話するとき

もちろんこうした対話的関係の理念を、乳幼児を対象とした保育実践の中で具体化することは容易なことではない。

対話的保育カリキュラムの創造に困難がつきまとうのは、保育内容（活動）は保育計画に書き込むことが容易なのに対して、そこで展開される関係性のほうは、あらかじめ保育計画の中に書き込むことが困難な点にある。実際に表現される子どもの要求は保育者にとって予想外なものが多く、それに臨機応変に対応する保育者の対話能力が、実践の方向性をきめてしまうことになる。つまり対話的保育カリキュラムは、活動の入り口に立った段階では出口が見えていないわけだが、そうしたオープン・エンドな展開を面白く感じながら実践しないかぎり、対話的保育カリキュラムは生き生きと動き出してはいかないのである。

たとえば次に示すのは、年長クラスを担当した頭金（とうきん）さんという保育者の実践記録だが、ここには子どもの「活動要求」と保育者の「教育要求」とが、対話的に切り結びながら実践を創造していく姿が、言い換えれば保育者と子どもが共同して「経験の履歴」を作り出していく姿が、興味深い事例とともに紹介されている。

年長になっても自分の意思で積極的に行動しようとしない「ケンチャン」という男の子と、頭金さんの間で繰り広げられた、実践の記録である。(8)

〇歳で入園したケンチャンは、ちょっぴり発達がゆっくりな子でした。保育園では、「ケンチャンのありのままを認めよう」と、だいじにされて育ち、年長児になりました。ケンチャンは、ことばを獲得しているのに、話そうとせず、できない（やらない）ことがあってもあたりまえで、特に人前に出ることが嫌いでした。いつも周りの子どもや保育士に助けられながら、一日を何とか過ごし、行事では見ているだけで決して何もやらないままに、年中児まで過ごしてきたのです。

記録の中には、ケンチャンの姿について、このように記されているが、年長でケンチャンの担任になった頭金さんは、こうした状況を問題と考え、その後「ケンチャンに対する周りの子どもたちの手伝いをカットし」、ケンチャンに対して行われてきた「特別扱いをやめ、自分でできる力があることは、時間がかかっても、ひとりで」させるように、関わり方の原則を変更したのだという。そのときの様子が、次のように記されている。

「自分でやりなさい」「自分で言いなさいね」「先に行ってるからね」と、ケンチャンにとっては無理をさせることになったわけです。でも、やってもらってあたりまえになっていたことがひとつひとつ、ケンチャンの手の中に帰っていくたびに、ケンチャンは自信をつけていきました。その姿を見ていて、食べたり、着たり、しゃべったりというあたりまえのことが、あたりまえに、自分でできるようになるたいせつさを、改めて感じました。

誤解してはいけないが、保育者である頭金さんは、「依存心の強い子に対しては、強制してでも自分でやらせるべきだ」ということを主張しているわけではない。そしてこの実践を紹介している私自身も、こうした実践の一般化を推奨しようとしているのではない。

重要な点は、強制してでもケンチャンにいろんなことをやらせた事実にあるわけではなく、そのように関わり方を修正しようとした頭金さんの、実践を展開する際に抱いた「葛藤」の中にある。そのときの保育者としての思いが、記録の中では次のように記されている。

ほとんどしゃべらず、ただクラスにいるだけ……。これで保育園生活が楽しいはずはないという状況のまま、〇歳から五年間、なぜケンチャンは保育園に通ってこられたのだろうかと考えました。

ここには、子どもを見つめる保育者の眼差しがある。そしてこの眼差しがすばらしいのは、「〇歳から五年間も通ってきて、なぜこんなに何もできないのか」と子どもを否定的に見るのではなく、「こんな状況で、なぜ五年間も通ってくることができたのか」という、発達的視点で貫かれている点にある。

そしてこうした視点から頭金さんが得た答えが、またすばらしい。すなわち頭金さんは、ケンチャンのことを次のように語っているのである。

周りの友達を見ていて、ケンチャンだって、あんなふうに笑い、しゃべり、元気にあそべる子になりたいと、心のどこかで思っているのではないか、そんな願いを持っているからこそ、五年間も通ってこられたのではないか、と思ったのです。

つまり、頭金さんがケンチャンに対して強く働きかけたのは、命令・強制して生活能力を獲得させようとしたからではなく、ケンチャンの中にある、自分でも気づいてない隠された要求・願望に、ケンチャン自身が気づくことを願った結果だったのである。何よりも重要な点は、こうした働きかけの背後に、子どもというものを二つの要求の間で葛藤しながら生きる存在ととらえる、頭金さんの子ども観が存在している点にある。

実際、子どもたちは表面的に現れる「現在の要求（眼前の要求）」と、「本当はこうしたい」という「未来の要求（真正の要求）」との間を生きる存在である。一般に子どもたちは、この二つのレベルの要求を自覚的に認識し、その間にある隔たりを埋めるべく活動を繰り返していくのである。そして葛藤を克服したとき「発達」を自覚し、葛藤を克服することができないまま矛盾を抱え込むと、「荒れ」て「暴れ」て、自分のいらだちを表現してしまうのである。

頭金さんがケンチャンに対して強い態度に出たのは、ケンチャン自身が未だ自覚していない「未来の要求」に気づかせるためだったのだが、もちろんそうした働きかけが、いつも成功する保障はない。しかしながらケンチャンは、まるで頭金さんの願いを受け止めるかのように変化していったという。

その様子が、記録の中では次のように記されている。

そして、七月の縁日ごっこでは、たくさんのお客さんの前で、ついにみんなといっしょに踊りを披露することができました。さらに、運動会では

「おひさまに向かってスタート！」

というケンチャンの声のリードで、ダンスが始められるくらいになりました。これまでのケンチャンからは想像もできないその姿は、もちろんすんなりと生まれたものではなく、そのきっかけはいつも

「ケンチャンもやってごらん。」

と、無理を強いることから始まっていました。だから、わたしたちは、「ケンチャンの運動会は、もうこれで十分」と考えていたのです。でも、さらに驚くようなできごとが起こったのです。

もちろん、一読するとわかるように、ここまでの関わりはすべて、保育者のリードにケンチャンが引っ張られながら、何とか「みんな」の列に入ることが可能になっているだけの話なのである。そしてその限りでは、ここまでのケンチャンの姿を持って、この実践の真価を語ることはできないと私は考えている。

しかしながら頭金さんが「驚くようなできごと」という、その内容を読んでいると、この実践の持つ真の意味が見えてくるように私には思えてしかたない。

運動会のクラス競技の一つに、戸板登りがありました。高さは二種類。ケンチャンは、低い戸板でも怖くて、なかなかできなかったのです。自分からはやろうとしないケンチャンを何度も誘い、やっとできるようになりました。私たちおとなは、「それでよし」と考えて、ケンチャンには、いつも低い戸板を用意していました。ところがいつものように練習していたある日、何気なく

「高いのもやってみる?」

と声をかけると、何と高い戸板を登りきったのです。

ここには、自分の中にある二つの要求をしっかりと自覚し、その間を葛藤しながら自己決定していくケンチャンの姿がある。それは保育者に強制された姿でもなければ、保育者の激励によって引き上げられた姿でもなく、自分の意思で「明日の自分」に向かって背伸びしようとする、五歳児の姿にほかならない。そしてこうした姿を作り出すことが、実は頭金さんが保育実践の中で大切にしようとしたことだったのである。

重要な点はこの場合、最初に計画された「保育内容（活動）」が予定調和的にケンチャンの成

長を導いたのではない点にある。ケンチャンの発達を導いたのは、計画された「保育内容」と結びつけながら、その活動とケンチャンの関係を発展・展開させていった頭金さんの対話的働きかけだったのである。

3　乳幼児の有能さを引き出す対話的保育カリキュラム

自分がうまく表現できない五歳のケンチャンを前にして、真摯に子どもと対峙する「対話的実践」を展開する頭金さんの実践に、改めて「対話」することの大切さを考えさせられる気がする。

実際この実践の中には、「真の対話は、批判的思考を含まない限り存在しえない」と語るフレイレの思想が凝縮されている感じすらするのである。そしてそれと同時に、「現実を動かないものとしてではなく、過程や変容としてとらえる思考」こそが「対話」の思想なのだと語るフレイレの言葉が、乳幼児を対象とした保育実践の中に正当に位置づけられている事実に驚かないではいられない。

改めて言うまでもないことだが、「対話」と「会話」は全く違う概念である。「会話」は語りあう人間の営みだが、「対話」の基本は「聞き取る」ことにある。そして子どもたちは、対話的保育実践の中で自分の思いをていねいに「聞き取られる」体験をするからこそ、相手の思いを「聞き取る」ことを大切にする「対話的人格」に成長することが可能になるのである。

日本の教育の在り方を、「対話」という言葉をキーワードに論じた人物に坂元忠芳がいるが、「対話的学力」を主張する坂元は、「未来の世界の原理は、他者と『同一性』をともにするのではなくて、他者と『同時存在性』を共有すること」だと語るミハイル・バフチンの言葉を引用しながら、教育の在るべき姿を次のように語っている。

教師と子どもが違った調子を奏でることができ、子どもどうしも違った調子を奏でることができるというように、決して同じ調子を教師が子どもに強要はしないのです。このようなポリフォニーの原理は、教育の方法だけのことではないと思います。[9]

そしてそのうえで坂元は、こうした教育の創造にこだわるのは、「自由を最大限みとめながら、ともに生きていく共同の文化をつくっていくこと」[10]が、二一世紀に世界と「対話」しながら生きていく、新しい可能性をもった人間を育てていくことにつながるからだと述べている。

同様の問題意識から、本書の中でも「対話」にこだわって保育カリキュラムを論じてきたわけだが、もちろんそれは、「対話的保育カリキュラム」に位置づけられた四つのカリキュラムを計画どおり実践すれば、それで「対話的保育カリキュラム」が完成するわけではない。すべてのカリキュラムが、頭金さんのような「対話」的な実践に支えられて初めて、「対話的保育カリキュラム」は「対話的」になることができるのである。

対話的保育カリキュラムを構成する四つのカリキュラムのうち、特に重要な意味を持っているのが生成発展カリキュラムであることは、すでに何度も論じてきたとおりである。乳幼児を対象とした集団保育において、プロジェクト的な活動を生成発展カリキュラムとして創造することの最大の意味は、乳幼児を「意味を作り出す」主体として位置づけたうえで、そんな子どもたちの「有能さ」を引き出すことを集団保育の課題と考える点にある。

たとえばヨーロッパにおいてレッジョ・エミリアの保育実践に早くから注目し、その実践のもつ社会的意味を語ってきたピーター・モス（Peter Moss）は、「私たちの子どもに対するイメージは、可能性に満ち溢れ、力強く、強力で、有能で、大人や他の子どもたちとの関係の中を生きようとするものだ」と語るローリス・マラグッチの言葉を引用しながら、レッジョの実践には子どもたちを「意味を作り出す（meaning making）」存在であると同時に、「共同的に構成された社会化の過程で、活動的行動主体」として育つ存在としてとらえる、新しい子ども観が存在しているると語っている。(11)

つまり、子どもは「知識や、人間性や、正しい価値を、大人によって時間をかけて注ぎ込まれる『容器』のような存在」ではなく、周囲の環境に対して自分自身で「意味を作り出す」存在だという認識がレッジョの実践の根底にあるのだとモスは指摘しているのである。興味深いのは、こうした子ども観に立つが故に、そこで展開される実践も、優れた保育プログラムによって開発された「一般的な答え（the answer）」を学ぶものではなく、偶然性・一回性の原理に基づきながら導き出される「一つの答え（an answer）」を出すものでなくてはならないと語るモスの言葉である。[12]

子どもたちを「意味を作り出す」存在ととらえるなら、そこで展開される実践は、主観性を含んだ、一回限りの実践となるはずで、そこで導き出される答えも、やはり「一つの答え（an answer）」でなくてはならないということなのである。

もちろん、そうやって導き出された「一つの答え（an answer）」を、個々の子どもの中に閉じ込めているだけなら、それは別に難しいことではない。問題は、そうやって導き出された「一つの答え（an answer）」と、社会のなかで明らかにされ、共有されている「一般的な答え（the answer）」とを出会わせていく点にある。そしてそれを生成発展カリキュラムは、個々の子どもが作り出した「意味」の世界を、他者と共有し、共同的に創造する営みの中で実現しようとしているのである。

4　子どもの権利と対話的保育カリキュラム

重要な点は、乳幼児をこうして「意味を作り出す（meaning making）」存在であると同時に、「共同的に構成された社会化の過程で、活動的行動主体」としてとらえる実践は、一九八九年に国連総会で採択された「子どもの権利条約」の思想を具体化する意味をもって展開されている点にある。

つまり、生成発展カリキュラムを中心とする対話的保育カリキュラム創造の実践は、「子どもの権利条約」具体化という意味を持っているのである。

たとえば、「子どもの権利条約」はその第三条で子どもに関するあらゆる決定や対応は、「子どもの最善の利益」を第一義的に考慮して行わなければならないと規定している。この「最善の利益」という言葉はbest interest という言葉の翻訳であるが、interest は先に第一章で指摘した通り、興味・関心という意味をもった言葉である。

つまりここには、子どもの興味・関心を発展させることが、子どもにとって「最善の利益」だという思想があるのだが、もちろんこうした子どもの権利を、子どもたちが好き勝手に行動する権利だと考えるのは間違っている。子どもの興味・関心は、大人の手によって、さらに「面白い」世界へと導かれていかなければならないのである。

そしてその点に、対話的保育カリキュラム創造の課題に取り組む最大の理由があるといえるが、実はそうやって「面白さ」を発展させながら生きていくことを、「子どもの権利条約」は乳幼児を含む「子どもの権利」として位置づけているのである。

乳幼児の権利に関しては、「例え生まれたばかりの子どもであっても、自己の見解を表明する資格を与えられ、その意見は『子どもの年齢と成熟に応じて適切に考慮される』（第一二条一項）べき」だと言うことを前提としながら、そうした「子どもの見解」を、「発達しつつある能力」として考慮する責任が大人の側にあると考えられているが、その際、大人が行う「調整は、子どもの関心および希望、ならびに、子どもの自律的な決定を行う能力及び自己の最善の利益を理解する能力を考慮」しながら、「能動的および可能性を開く過程（enabling process）と見なされるべきである」[13]と、「子どもの権利委員会」は二〇〇五年に発表した「一般的注釈」（第七号）の中で明言しているのである。

つまり簡単に言うと、次のようになる。

子どもは生まれながら、自分の要求や関心を表現する権利を持っている。そうした要求や関心を表現しやすい環境を作ることが、大人の第一の責任となる。

しかしながら大人は、こうした子どもの要求や関心を受けとめたあと、それを子どもたちが自分自身の「最善の利益」に向かって「自己決定」する能力を、子どもの「能動性や可能性を開く」方向に向けて育てていく責任がある。

それは子どもの願いを、「対話と例示を通して、参加に関する権利（第一二条）」を保障しながら達成されなければならない。つまり、より価値ある課題のために、未来を創造する営みを能動的かつ共同的に展開していくことができるように「指導および助言」していくことは、「子どもの権利条約」の思想を具体化する保育者の役割なのである。

5　対話的人格を形成することの現代的意味

以上論じてきたように、対話的保育カリキュラム創造の実践を意識的に展開しようとするのは、「対話的人格」とでもいうべき人格構造を持った人間を、乳幼児段階から意識的に育てることを、保育実践の現代的課題として自覚しているからにほかならないのだが、ここで育てようとしている「対話的人格」は、具体的には次の三つの特徴を持った人格主体のことを指している。

①世界を意味づけながら活動する人格主体（主体性）

②差異（違い）を面白がり、大切にする人格主体（共同性）

③対話的関係を通して未来を創造しようとする人格主体（未来性）

生成発展カリキュラムは、対話的知性を獲得した幼児後期の子どもたちが、自分たちの中に生じた興味・関心や要求の世界を、より高いレベルに発展させていく過程で、「興味の共同体」「要求の共同体」として集団を形成していく点に特徴をもっていた。

しかしながらそれは、「知りたがり屋（主体性）」で、「信じたがり屋（共同性）」で、そして「未来を創造（未来性）」しながら生きようとする「子ども性」に依拠しながら展開しようとしているものであり、けっして特別な実践ではないのである。

実際、乳幼児は「知りたがり屋」なのである。まだ言葉を話すことのできない段階から、彼らの目は興味・関心に満ちていて、世界を驚きの瞳で見つめている。そして興味を持ったものに手を伸ばし、探索し、探究しようとする。

また子どもたちは、「信じたがり屋」としての性格を、存分に発揮しながら生きる存在である。親を信じ、保育者に信頼を寄せるようになると、大人たちの語る言葉を、文化（財）とともに自分の中に刻み込んでいくのである。そしてそうやって大人との間に作りだす同調性・共感性を基礎に、仲間と共同して生きる心地よさを学んでいくのである。つまり子どもたちは、孤立して生きることより共同して生きることを選び、他者と共同することを心地よく感じる存在なのである。

そして子どもたちは、言葉を駆使することのできる幼児期になってくると、「未来」を期待しながら生きる存在になっていく。子どもは過去を反省するよりも、未来を想像して生きることを選びながら生きていく存在なのである。そしてそうした力を駆使しながら、未だ出会ったことのない、「未来」に向って現実を変えていこうとするとき、目を輝かせながら、仲間と共同しようとするのである。

幼児後期の保育カリキュラムにおいて、生成発展カリキュラムの創造を課題に掲げた最大の理由は、子どもの中のこれら三つの性格を、豊かに育てていくことを目標にしたからに他ならない。つまり、「主体性」「共同性」「未来性」という子どものもつ三つの力を、幼児後期の集団保育で最大限成長させていこうということなのだが、乳幼児保育の課題をそのように整理し、実践を積み重ねていくことで、乳幼児の「有能さ」と「可能性」を大切にしない現代社会の支配的価値観を大きく変えていくことが重要な課題となる。

もっともそうはいうものの、「現実の保育実践は、生成発展カリキュラム創造などと悠長なことを言っていられるほど甘くはない」と反論したくなる気持ちが、多くの保育者の中に存在していることは私も知っている。

長時間保育の常態化、乳児保育の一般化、定員オーバーの一般化で、子どもと保育のことを話し合う時間などどこにもない保育者の労働実態。

小学校などでモンスターペアレントなどと呼ばれる自己中心的で、理不尽な要求を突きつけてくる親たちの実態。「苦情処理」と「顧客満足度調査」で、「共育て」などといった共同の関係とは程遠くなった親と保育者の関係。

幼児虐待を含めて、親子関係の崩れが、「荒れる子」「キレる子」「気になる子」の根っこにあり、集団保育が集団保育として容易に成立しないくらい大変になってきた子どもたちの現実。「共同性」の根っこにある「共感性」が未形成で、協同的活動どころの話ではないと思えてしまう年長クラスの実態。

おそらく上げればキリがないくらい、幼稚園・保育園と保育者をとりまく現実が厳しくなっていることは事実なのだろう。そうした現実が生み出された背景と、そうした現実に対する保育実践の課題と展望に関しては、下巻第Ⅳ部でさらに詳しく検討することにするが、それでもこうした現実が進行する中だからこそ、プロの保育者の、プロフェッショナルとしての実践を、対話的保育カリキュラムとして展開する必要があると私は考えている。

それは何といっても、幼稚園・保育園しか「心地良さ」と「誇らしさ」をもった子どもたちの育ちをデザインすることができなくなった現実の中、保育者がこの仕事に責任を果たさなければ、子どもたちが救えないと考えるからである。「対話的保育カリキュラムが子どもを救う」と考えるゆえんである。

そしてそれと同時に、当たり前の人間として生きる力を、意識的に育てる保育カリキュラムを創造する営みを通して、非人間的・反人間的な社会の現実に対して、乳幼児の人間的成長の姿を示しながら、人間らしくあることを社会全体に問い直したいと考えているのである。「対話的保育カリキュラムが社会を変える」と考えるのは、そのためである。

〈注〉

（1）ブラジルの教育学者。一九六〇年代にブラジルで展開された「識字教育」で注目されたが、その識字教育においてフレイレが目指したのは、文字・言葉の獲得による人間の解放であった。『被抑圧者の教育学』『希望の教育学』『伝達か対話か』『自由のための文化行動』といった著作がある。

（2）パウロ・フレイレ『被抑圧者の教育学』（訳・小沢有作・楠原彰・柿沼秀雄・伊藤周）亜紀書房、一九七九年、六五‐七二頁

（3）パウロ・フレイレ『希望の教育学』（訳・里見実）太郎次郎社、二〇〇一年、一六四頁

（4）フレイレ前掲（2）九八頁

（5）同前、一〇二頁

（6）同前、一〇二‐一〇三頁

（7）同前、一〇三頁

（8）頭金多絵『「気持ちいい」保育、見～つけた』ひとなる書房、二〇〇二年、二四‐二五頁。な

お、本章における頭金さんの実践事例は、同書に掲載されている「みんなと同じようになりたい」から引用した。

（9）坂元忠芳『対話の教育への誘い』新日本出版社、一九九一年、二一一頁

（10）同前、二一二頁

（11）Peter Moss（1999）, Early Childhood Institutions as a Democratic and Emancipatory Project, Lesley Abbott and Helen Moylett（Eds.）, *Early Education Transformed*, Taylor and Francis Group, p.148

（12）ibid. p.149

（13）国連子どもの権利委員会「『乳幼児期における子どもの権利の実施』に関する一般的注釈」（第七号）二〇〇五年一一月一日

第Ⅱ部　対話的保育カリキュラムの三つのルーツ

第1章

対話的保育カリキュラムと誘導保育

1　恩物をまぜこぜにして竹かごに入れた青年の問い

日本の保育カリキュラム論は、「保育者中心主義」と「子ども中心主義」の二項対立図式の中で展開されてきた歴史をもっているが、実際に保育現場をリードしてきた保育実践論は、常に相互主体的関係の構築を志向しながら、つまり対話的保育カリキュラムの構築を志向しながら、模索を続けてきたのだと思う。

たとえばそれは、一般に「幼児中心主義の保育理論を展開した」と言われる倉橋惣三にしても、あるいはその対極で「社会中心主義の保育」を提唱したと評される城戸幡太郎にしても[1]、実際にはそんなに単純な議論を展開していたわけではないのである。

おそらくいつの時代も、優れた教育者と言われる人は「子どもの要求」と「保育者の要求」のいずれかを一方的に重視する、二項対立の単純な図式で保育・教育を語ろうとはしないものなのである。

第二部では、これまで検討してきた対話的保育カリキュラムの理論を、歴史的な実践の中で検討してみることにする。つまり、現代保育実践に求められる対話的保育カリキュラムのルーツを、歴史的な保育実践理論の中に見出してみようというわけである。

最初に検討するのは、「幼児中心主義の保育理論を展開」し、戦前戦後にわたって日本の「保育界の最高の指導者として、理論においても実践においても」(2)大きな影響力を与えたとされる倉橋惣三である。

＊　　＊　　＊

たとえば倉橋が東京女子高等師範学校附属幼稚園の主事として勤務した年、それまで恩物机の上で、まるで神聖なものを扱うように使われていた恩物を、ただの積み木として「まぜこぜにして竹かごの中に入れた」と自伝的に語る、あの有名なエピソードの中に、すでに彼の相互主体的で対話的な思想は内包されていたと私は考えている。

新米の園丁に大した花壇の設計なんかできようもないが、一応気をかえるためにしたことは、創園以来の古いフレーベルの二十恩物箱を棚から取り出して、第一、第二その他系列をまぜこぜにして竹かごの中に入れたことであった。すなわち、恩物を積木玩具としたのである。(3)

自らの保育との関わりを自伝的に綴った、『子供賛歌』における倉橋の言葉である。

一般にこの場面は、児童中心主義者としての倉橋の真骨頂を示すエピソードとして紹介されることが多いが、おそらく倉橋にしてみれば、フレーベルの教育論と子どもの活動要求とを、きわめて素直な形でつなげようとした結果、自然にとった行為だったのだろう。すなわち倉橋がそこで抱いていた問題意識は、大人が位置づける「玩具の教育的価値」と「子どもの活動要求」との接点をいかに作りだすべきかという点にあったのであり、それは単純な児童中心主義というよりむしろ、相互主体的な関係を模索する営みとして理解すべきなのだと私は考えている。事実、倉橋は後に、この点について以下のように論じている。

彼〔フレーベル〕のいわゆる恩物なるものは、要するに幼児用の玩具である。色のついた毛糸の毬にしても、積木にしても、色板にしても、金輪にしても、箸にしても、いずれか持ちて遊ぶに面白き玩具ならざるである。しかのみならず、これらのものは決して必ずしもフレーベル先生によって、発明されたものではない。〔中略〕それが「フレーベル氏恩物」という名称の下に、いかにも特殊なるものとして取扱われているのは、何故なのであろうか。いうまでもなく、フレーベル先生がこれらの珍しくもない玩具の中に、見出し、しかして組織した教育上の理論によるのである。[4]

倉橋が言うように、子どもに出会わせなければならないのは、もちろんフレーベルの理論なんかではない。出会わせるべきは、ただの積木なのである。しかしながら重要な点は、フレーベルによって位置づけられた「玩具の教育的価値」を知ったうえで子どもと出会わせるのと、それを知らないで子どもと出会わせるのでは、保育者の働きかけが変わってくる事実の中にある。つまりそうした点を意識したうえで恩物（積木）を床にばら撒いた倉橋の行動の背後に、保育実践において子どもの活動要求を重視する視点が存在していることを理解することができる。

実際、倉橋の幼児教育への関わり方は、「幼児を教育すると称して、幼児を先ず生活させることをしない幼稚園に反対する[5]」という立場で一貫していた。そしてそれは、子ども自身が、自らの生活を充実させながら生きていく力を持っていることに対する信頼に裏打ちされたものであった。

> 教育の場所である前に、子供の場所であるのが幼稚園です。然からばどういう風にその溜り場を作ってやるか、それには子供自身が自分の生活を充実する力を持ってゐることを信じて、これをよく発揮出来るように拵えておいてやりたいものです[6]。

重要な点は、こうした形で子ども自身の「自己充実」する力に対する信頼を語りながらも倉橋が、幼稚園における保育案（保育計画）の必要性と、保育者の指導性に関する議論を、積極的に展開した点にある。

つまり倉橋は、子どもの自発性を起点に保育実践を構想しながらも、「子どもの要求」と「保育者の要求」の接点をどのようにして創造することができるかといった問題意識に基づきながら保育実践論を展開していったのである。

2 「自己充実」を「真の生活興味」に発展させる保育者の役割

こうした倉橋の思いは、その後、「誘導保育論」を核にした「系統的保育案」へと整理されることになるのだが、その場合、保育実践において保育案と保育者の指導性が必要になることの意味を、次のように語っている。

幼児生活と云ふものはその大きな特色として実に刹那的であり断片的であるものです。その刹那的であり断片的であると云ふ事は、之は幼児の生活として決して咎むべきではありませんけれども、その為に、真の生活興味と云ふものが、もっと味はへそうなのが味はへないで居る事があります。[7]

つまり倉橋は、たとえ保育者が子どもたちの「自己充実」を期待したとしても、子どもの中には「自ら何もしない子供があるかも知れ」ないし、「何時迄も何時迄も同じ指導許りさせて居る子もあるかも知れ」ない事実を、まず問題として指摘する。そしてそのうえで、「そうした生活をもう一つ、幅に於て深さに於て展開させて行かうとなると、もう一つ強い働きを加へる必要が起って[8]」くるのだと、保育者の指導性について論じていくのであるが、その場合、保育者に課せられているのは、子どもたちの生活を「真の生活興味」の方向へと「誘導」することだと議論を展開していくのである。

こうした議論が、保育概念として整理されたのが「誘導保育論」であるが、ここで最初に問題となるのが、それでは「刹那的」で、「断片的」な子どもの生活を、いったいどのようにして「真の生活興味」へと「誘導」していくのかという点である。

この点について倉橋は、ある月は「汽車の遊び」をしよう、また別の月には「水族館」をしてみようと、「一年の間とか、一月の間とかいう風に、長い目、長い計画で」、とりあえず「誘導保育案」を作っておいて、あとは子どもたちが園に来てから、子どもたちと対話しながら実践を発展させていくことが重要になると論じていくのである。

> 子供が幼稚園へ来て何をするかは豫め分りません。此方で先づ用意して置けるものは誘導だけであります。誘導以外の事は子供が来てからするのであります。子供が来ない中に立てゝおけるのは誘導だけであります。子供が来たならば斯ういふ処に充実指導してやらうと

いふ事を考えて居りましても、出て来てその通りにやってくれないとその充実指導は出来ません。けれども、此方でどういう風に子供を誘導しやうかといふ事は、子供を離れて考へておく事が出来るのであります。(9)

こうして倉橋は、実際の保育実践は、子どもの要求がどこに向かっていくかわからないのだから、かなり「融通性」をもちながら展開していくことが重要だが、そのためにもまず、保育者の考えを「誘導保育案」に整理しておくことが大切になると述べている。そしてそのうえで、あらかじめ作られた「誘導保育案」を中心に、「それに導かれたり、それに暗示を与えられたり、それに促されたり」しながら実践を展開していくことが大切なのだが、その場合にあっても、「どこまでも案自体が手本になるのじゃなくて、誘導の力をもって生活を生み出させたい(10)」のだと、自らの考えを論じている。

もちろんこのように考えていくと、実践を展開する保育者の力量が重要な課題となってくるのだが、この点については、保育者の「創造性と生活性」が鍵を握ると繰り返し語っている。保育者の「創造性」について語る、倉橋の言葉である。

斯う云ふ風でゆきます時に、保姆には絶えず創造性が必要だと云ふ事になります。この誘導保育案では始終保姆が工夫して先へ〳〵と考えてゐるのであります。「一寸これしませうか」と、斯う先づ工夫して置いて「それじゃ」と斯う子供を誘導して来るやり方でありますから、保姆の方に創造性が無くては出来ません。幼稚園として定型的に盛ってあるものを与へるのではないのです[11]。

重要な点はこの場合、誘導保育を実践しようとすると、技術は足りないけれども「創造性に於ては、実に溌溂活発」なのが子どもで、「表現は巧いけれども創造性に於ては乏し」いのが保育者という旧来の常識的理解ではだめなので、保育者は表現においても創造性においても、子どもより一歩先んじる能力が必要になると倉橋が強調している点である。

3　自動車作りの実践に見る誘導保育の実際

こうした誘導保育に象徴される倉橋の議論を見ていると、一般に児童中心主義の代表のように紹介されることの多い倉橋が、実は保育者の教育要求と子どもの活動要求の接点を創造する視点から、保育実践論を構築しようとしていたことに、改めて気づかされることになる。

もっともそうはいうものの、戦前に議論されたこの誘導保育論が、具体的にどのような実践として具体化されていったのか、なかなかイメージがわかないと思う。そこで、倉橋の思いを受けながら東京女子高等師範学校附属幼稚園で実践された誘導保育の事例を一つ、以下に紹介しておくことにする。

紹介する事例は、一九三二（昭和七）年に年長クラスで二ヵ月間にわたって実践された「わたくし達の自動車」というタイトルのつけられた実践である。実践のきっかけを書いた保育者の記録である。

此の四月から大きい組になりました子供達は、製作に、お遊びに、目立って変って参りました。先生なしでもよくお外で遊べる様になりましたし、製作では木工等を非常に好む様になりました。

『先生、僕に金槌貸して』

『僕に鋸頂戴』

と、朝お室に這入ると直ぐから大工道具の請求で御座います。丁度金太郎の立絵をする為に、めい〳〵のお家からお菓子折の空を持ち寄りましたが、蓋だけを立絵に用ひまして身の方が残りましたので、早速これで飛行機、電車、ロボット等色々の物が作られました(12)。

面白いのは、こうした子どもの姿を見ながら、保育者が活動を発展させる方向を思いついていく経緯である。「立絵」作りから始まった実践が、子どもの様子をみているうちにまったく違う方向へと誘導されていく、その展開過程が面白い。


何時もよく喧嘩をする子達が、お互に木をおさへ合ったりして、永い時間飽きる事なく続ケて居ります。こんなに皆が木工に興味を持って居るなら、独り〱の製作もよいが、共同して大きな製作をして見たらどうかしら。丁度先学期、女の方にお人形さんを作りましたので、お人形を連れて遊びに行く事の出来る様な物を作り度いと思ひました。或日電車作りの一団のお手伝ひをしながら「この電車に乗れるといゝわね」と申して見ますと、

『うん、いいね、大きいの作れば乗れるよ』

『ぢゃ皆で作りませうか』

『そうだ、作らうよ』『作らう』と男の子達は直ぐに賛成してくれました。

『先生この板でいい』と木片の一端を持って、もう作る積もりで居ります。

『その板は弱いでせう、だから皆が乗ったらすぐ折れてしまひますね。材木屋さんに行ってもっと丈夫な板を買って来て作りませう』

『そうしたら、僕に切らしてね』『僕にもね』と、忽ち予約です[13]。


この後、子どもと保育者で何を作るか話し合い、自動車・電車・汽車・ケーブルカー・飛行機

と案が出てくる中、けっきょく自動車に決定したという。作るものが自動車と決まると、今度は保育者のほうが設計をどうすればいいか悩むことになるのだが、悩んでいるうちに子どもたちから「自動車どうしたの」「まだ作らないの」と催促がくるようになり、とにかく「子どもが乗って動かせるもの、五、六人乗って毀れない様」なものという条件で、製作を開始している。

実習生と一緒に、或子供は材木屋さんに或る子供は釘を買に出掛けて、皆の顔が希望に輝いて居るかの様に見えました。板が参りますと、子供はもう大喜びで、私共が赤い鉛筆で線を引いて上げるのももどかしく、板を切ったり、釘を打ったり致しました。[14]

そしてここを起点に、①土台作り ②後部の板張り（窓付き） ③踏み板の取り付け ④柱の取り付け ⑤側面の板張り ⑥全部の板張り・運転台作り ⑦天井の貼り付け ⑧ドアの取り付け ⑨泥除けの取り付け ⑩色塗り ⑪窓の取り付け ⑫ハンドル・ライト・ラッパ・クッション ⑬ガソリン取り入れ口の取り付け ⑭タイヤの取り付け ⑮番号札の取り付け ⑯矢印・クリーナーの取り付けという工程を経て、長さ七尺（約二メートル一〇センチ）、横三尺五寸（約一メートル五センチ）、高さ三尺三寸（約一メートル）の自動車を作り上げたという（Ｐ191写真参照）。

作成に要した期間は二ヵ月あまり。その後、信号機を作ったり街路樹を作ったりして、自動車を起点に遊びが拡大していく様子が、記録にはエピソードとともに記述されている。自動車を作成するそれぞれの工程に、興味深いエピソードが記されているが、ここでは柱の取り付け場面を紹介しておくことにしよう。

> 出来上った後部を逆しまに置いて、この上に土台を乗せ、箱の前部、運転台の入口、ドアの所等合計八本の柱を其の位置に立てゝ土台に打ちつけました。子供達の切りました柱は、どれも〳〵でこぼこに切れて居りますので柱をしっかり立てる事はかなり困難で御座いました。この柱をしっかり立てさせる為に、天井に幅約二寸位の板を打ちつけて書きました。〔中略〕此処あたりでは約二寸位もある大きな釘を打ち込みましたが、曲りもせず上手に打てました中には一息でした子も御座いました。[15]

と、こんな感じで自動車作りは進んでいくのだが、子どもたちと一緒に保育者が格闘している姿が面白い。作業の途中で、自動車の座席を廃材で作らせたりすると、子どもが何度か座っただけで「真中から二つに割れてしまい」、「こういう時には必ず板を縦に用いないと割れやすく弱い」ということを学んだと書かれたりもしているが、保育者が自分でもどうしたらよいかよくわからないことを、調べながら、考えながら進めているところが、何といっても面白いのである。

4 対話的保育カリキュラムのルーツとしての誘導保育

実際、自動車作りの過程でも、あるいはその後の遊びの過程でも、子どもたちの活動への意欲の持ち方にはすごいものがあり、それは記録を読んでいるだけでも感じ取ることができる。たとえば、塗料を使って車体の色塗りをする時の次のエピソードの中に、子どもたちの意欲的な姿を読み取ることができる。

塗料は海の組の人形のお家にお塗りになったマンノーと同じ様な品で、カゼインと申しますのを用ひますつもりで用意致して居りました。所が或る朝珍らしくKさんのお母様がお見えになってのお話、

『子供が家へ帰りまして毎日自動車々々々と申しましたが、小さい玩具のつもりで居りましたので、玩具のと申しましたら異ふよ、僕だって先生だって乗れる様なのだよと、大変おこって居りました。明日は其の色を塗るのだから、汚いエプロンを持っていく、と申しますので、其れではお家にあるラッカーを是非使って戴き度いと思ひまして、今朝持って参りま

した』と、重いラッカーの罐入りをいくつもお持ち下さいました[16]。

この自動車作りを指導した保育者は、この親の言葉を聞いたとき、「今更ながら子供達がどんなにか、楽しみにして居るのだと感じ」たと記した上で、「本当に涙の出る程嬉しう御座いました」とその思いを語っているが、まさにこの実践において、保育者と子どもとが響きあうような関係を創出していたからこその感覚なのだと思う。

ところで、倉橋の誘導保育論と、その理論を具体化した実践の一つである自動車作りを取り上げたのは、こうした理論と実践の中に、「対話的保育カリキュラム」のルーツを見出すことができると考えたからである。

実際、一九三二（昭和七）年に実践された「自動車作り」の実践は、保育者と子どもたち

「わたくしたちの自動車」
倉橋惣三『幼稚園保育法真諦』より

との間に「興味の共同体」を創出していく実践であり、たとえばそれは、「二〇世紀で最も前衛的な保育実践」と『ニューズ・ウィーク』誌で紹介された、レッジョ・エミリアのプロジェクト・アプローチを髣髴させる実践でもあった。

もちろん、東京女子高等師範附属幼稚園の実践が、実践の展開に際して保育者個人のカンやコツに依存している部分が多い点や、保育者のアイデアが先行しすぎている点や、計画・活動の展開過程における子ども参加の姿に一貫性・原則性が見られない点等、いくつか気になることがあるのは事実だが、それでもこれらの実践が、保育者と子どもとの対話的関係を大切にしていることは理解できる。小さな実践ではあるが、「自動車作り」における「ライトの取り付け」場面を見てみよう。


ブリキの空罐のやゝ大きいのを二つに切りまして、底の部分を丸く切り抜いてセルロイドを張り、自動車につく部分は深く切り込みを入れ、少しつぼめて上に日本紙を張りました。不注意な私共は、これでよいものと思って居りました所、

『球が無いやね』

『夜になったら困っちゃうね』

等と申して居ります聲を聞きまして、びっくりして中に小さな球を入れました。後のライトも同様にして、赤いセロハンを張りました。(17)

保育者が気付かなかった点を「不注意」と見る所など、保育者が計画を先導しすぎる感じが拭えないが、それでもこうした子どもの気付き・発見に基づいて、計画そのものが修正されていくことがたいせつにされている、貴重な実践の一つということができるであろう。

5 「系統的保育案」の保育カリキュラム論

倉橋の提唱した誘導保育論は、このように多様な実践として具体化されることになっていく。それはここでみたような「自動車作り」であったり、「東京駅」のプロジェクトであったり、「人形の家」作りのプロジェクトであったりと、実に多彩なプロジェクト活動へと発展しているのである(18)。

倉橋が誘導保育論を提唱した背景に、一九一九（大正八）年から一九二二（大正一一）年にかけて文部省在外研究員としてアメリカを訪れた際、プロジェクトメソッドで一世を風靡していたキルパトリック（William Heard Kilpatrick, 1871-1965）や、コンダクトカリキュラムを提唱・実践していたヒル（Pafty Smith Hil, 1868-1946）と保育を論じ合った経験があることは良く知ら

れている。(19)

倉橋がコロンビア大学を訪ねたとき、ヒルはコロンビア大学附属幼稚園の主管をしていたというが、そこで倉橋は、二人の提唱する理論に感銘を受けたというよりむしろ、それを実際に展開していこうとしたとき、「新保育」幼稚園が多くの困難に直面している点に興味は集中していたという。

彼〔倉橋自身〕は率直にいえば、どこでも感服したとは言い難い。主義は「新保育」でも、幼児の生活は別に変わりのないところも残っていた。時としては、「新保育」の型の中へ幼児がはめこまれているだけなものもあった。もちろんなる程これでこそと思ったところもあったが、それは必ずしも「新保育」にとらわれていない田舎の幼稚園などにかえって多かった。そして、そこでは、先生よりも幼児の方が主になって生活させられているのが通有の特色であった。(20)

つまり、プロジェクトメソッドのメッカといわれるコロンビア大学附属幼稚園を訪れて実際に保育実践を目にしたときも、「先生のプロジェクトよりも自分たちのプロジェクトで遊んでいる」(21)ときのほうが、子どもたちが生き生きしている事実に倉橋は注目したのである。そしてそうした視点は、彼が日本で誘導保育を提唱し、それを実践に移すときにも貫かれていくのであるが、それでも実践過程では「また別の苦労が出て来る」ことを、倉橋は指摘している。

それは誘導保育案の名にかくれて保育項目が留守になってしまふ傾きのあることです。誘導保育案と云うものは保育項目と自然生活の間に挟まっている様なもので保育項目そのもの丶期待効果を軽くして了ひかねない。期待効果を主にして保育項目の方ではゴツ〳〵やるし、誘導保育案の方ではこれは唯主題を与へてそれを何となく継続して居ればいいんだ。といふ風うになったりする。子供が何をしようと、店遊びにさへなれば宜しうござんす。斯う言った様な調子でやられることになる。(22)

ここで倉橋が「期待効果」と言っているのは、先にもふれたように具体的活動に対応する保育目標のことなのだが、「期待効果」(保育目標)が曖昧なまま誘導保育が展開される結果、それぞれの「主題」が、いったいどのような力を育てることにつながるのかという点が曖昧になっていることを倉橋は問題にするのである。

そしてこうした問題を解決するために、誘導保育案とは別に、唱歌、遊戯、談話、観察、手技という保育五項目を意識的・計画的に配置した「課程保育案」が必要になると論じ、結果的にそれらを総合した「系統的保育案」を提案することになっていくのである。

系統的保育案における「誘導保育案」と「課程保育案」の関係については、倉橋自身もジレンマを感じていたようで、「効果ある保育にしようとすると抜出して来てやらなければならないし、全体的の形にしようとすると効果がい、加減になる」[23]と、両者を統一することの難しさを語っている。

かくして倉橋の誘導保育論は、**表4**のような「系統的保育案」に収斂させられることになり、これらの表とともに倉橋の議論は広められることになっていく。もっとも、この木に竹を接いだような「系統的保育案」には当時から批判と疑問の声が寄せられていたというが、そうした批判の中で典型的なものの一つといえる山下徳治の議論を、宍戸健夫が紹介している。

> 私の最も疑問とするところは、唱歌・遊戯・談話・観察・手技の五項目は幼児の精神発達上の重要項目を網羅していると思われるのに、矢張りそれが並列的で、何等発生的見地から有機的発展の過程においては綜合または分化されていないと思う。〔中略〕私は一般に人間の創造力を発達させない教育を寂しく思うのである。[24]

つまり、誘導保育が子どもの「活動主体性」と保育者の「教育主体性」とをつなげるべく実践を構築しようとしているのに対して、課程保育のそれは、子どもの「活動主体性」から有機的に発展してくる形で議論が展開されていないことを山下は問題にしているのである。そして、すべての活動がトータルに子どもの人格と人間性と人間的能力を育てている、そのことに対するイマ

表4　東京女子高等師範学校附属幼稚園の「系統的保育案」

年長組・第二保育期

		第一週 九月十一日ヨリ	第二週 九月十八日ヨリ	第三週 九月二十五日ヨリ
生活	自由遊戯	箱積み木で自動車遊び 虫取り	箱積み木でトンネル遊び	砂場にて壍壕を掘り戦争ごつこ おみこしかつぎ
生活	生活訓練	休暇中の行動のゆるみを引きしめること 帰りの支度 道具箱の整理あとかたづけ等 右をあらためて努める	うがひの時静かに	帰りの時順序正しく
保育設定案 誘導保育案	主題	人形の家	同前	同前 お月見
保育設定案 誘導保育案	計画	有り合わせの板を利用して、保育室の一隅に間口三メートル奥行き二・五メートル高さ二メートルの人形の家を設ける（椅子、道具入れ棚等は以前作りたるものを用ふ） 幼児に出来る程度の木工を手伝はしめ、カーテン、テーブル掛、敷物、クッション、衝立、額、時計、植木鉢等を作らせる。又まゝごとに使用する野菜類、魚介類を幼児の制作とする。	敷物の下図 （長さ一・五メートル幅一メートルのズックにへりぬひ、枠ぬひ、果物の模様の布を毛糸にて縫い込む） 額、衝立の下図 （果物の写生、人物、景色書きなど）	敷物 （ふちぬひ枠ぬひ） 幼児にボールドへ月の絵を書かせる。お供へ者を作つて供へさせる。
保育設定案 誘導保育案	期待効果	やさしみの心 家の生活の興味 観察 制作		家庭年中行事の興味 観察 製作
保育設定案 誘導保育案	継続作業時間	八週間		一日
保育設定案 課程保育案	唱歌・遊戯	唱遊 お池の緋鯉 （童謡唱歌名曲全集）	唱遊 雀のお宿 （小学唱歌七十一曲集）	行進遊戯 日の丸行進 （ラヂオ体操曲）
保育設定案 課程保育案	回数	唱 二　遊 二	唱 二　遊 二	唱 二　遊 三
保育設定案 課程保育案	談話	話 おどり切らした靴 —グリム— ジャックと豆の木 （イギリス童話）	話 火打箱 —アンデルセン— 銀の鈴 （幼・教三五巻四月号）	話 月の話 秋季皇霊祭について 東京市の話　市制記念日 月の兎（良寛さま）
保育設定案 課程保育案	回数	二	二	四
保育設定案 課程保育案	観察	こほろぎ、ばつたとそれ等の巣 せみ ひまはり	朝顔の花と実 おみこし	ふよう 梨
保育設定案 課程保育案	手技	自由画　夏休み中の見聞画 ぬりゑ　ヒマハリ	自由画　景色　果物　けいとう　人物 鋏仕事　朝顔　果物 ぬりゑ　アサガホ	自由画　けいとう ぬりゑ　フヨウ 粘土　おだんご　果物 製作　お月様供へ用　敷物模様
保育設定案 課程保育案	回数	三　一	二　二　一	一　一　一　二

注）旧漢字を新漢字に直した所があります

ジネーションが欠けている点を問題にしているのである。

もちろんこの点は、倉橋自身も自覚していたようであり、「課程保育案が誘導保育案の中にずうっと溶け込んでいながら」、それでいてさらに「誘導保育が子どもの生活の方にずっとはいり込んで自由遊びと一緒になって来たならば[25]」、すべてはうまくいくはずだと何度も論じているのである。

しかしながら現実は、そうかんたんにいかなかったのである。それはコロンビア大学附属幼稚園で感じたこととまったく同じ問題が、保育実践の展開過程において生じてきたということなのである。

おそらく問題の一つは、子どもに育てるべき能力を構造的に議論することができなかった保育目標論にあると思われるが、それと同時に、「保育者のプロジェクト」と「子どものプロジェクト」とを統一する実践上の難しさに対して、有効な方法が見出せなかったことによるのだろう。そしてこの難しさは、現代社会において生成発展カリキュラムを展開しようとするときにも、まったく同じ問題が存在しているということなのである。

〈注〉

（1）黒崎典子「保育はどのように始まり発展したか②」森上史郎編『幼児教育への招待』ミネルヴァ書房、一九九八年、四八頁

(2) 同前
(3) 倉橋惣三『子供賛歌』(坂元彦太郎、及川ふみ、津守真編『倉橋惣三選集』第一巻、一九六五年、フレーベル館、一九九頁)
(4) 同前
(5) 倉橋惣三『幼稚園保育法真諦』東洋図書株式合資会社、一九三四年、二頁(序)
(6) 同前、二一頁
(7) 同前、四八・四九頁
(8) 同前、四八頁
(9) 同前、九六頁
(10) 同前、一〇二頁
(11) 同前、一二四頁
(12) 同前、二五九・二六〇頁
(13) 同前、二六〇・二六一頁
(14) 同前、二六二頁
(15) 同前、二六五・二六六頁
(16) 同前、二六八・二六九頁
(17) 同前、二七一・二七二頁

(18) こうした実践事例は、『幼稚園保育法真諦』に「誘導保育案の試み」として、「旅へ―東京駅から―」「人形のお家を中心として」「『大売出し』あそび」「わたくし達の自動車」「特急列車『うさぎ号』」という五つの実践例が紹介されている。
(19) 倉橋前掲『子供賛歌』、二〇一‐二〇二頁
(20) 同前
(21) 同前、二〇三頁
(22) 倉橋惣三「保育案」日本幼稚園協会『幼児の教育』第三六巻第九号、一九三六年、一三八頁
(23) 同前、一四四頁
(24) 宍戸健夫『日本の集団保育』文化書房博文社、一九六六年、一五六頁。なお、山下の批判そのものは『教育』(一九三六年三月号)に掲載されたものである。
(25) 倉橋前掲(22)、一四四頁

第2章

子どもの内面と向きあった保育問題研究会

1 「社会協力」を指導原理に保育を論じた城戸幡太郎

ところで戦前における保育カリキュラム論を考えるとき、対話的保育カリキュラムのルーツとして、どうしても検討しておかなければならない理論と実践がある。倉橋の「児童中心主義」的論調と対比する形で、「社会中心主義」の保育実践論という言葉で紹介されることが多い(1)、城戸幡太郎と戦前保育問題研究会である。

実際、城戸の保育論は倉橋に比して、保育実践の教育性を強調し、保育者の指導性を重視する雰囲気があった。たとえばそれは、保育問題研究会の機関誌に寄せた「保姆は子供に何を求むべきか」という論文を、児童中心主義教育批判から始めていることからも窺い知ることができる。

児童中心主義の教育では「児童から」新しい生活の様式を発展せしめようとする。新しい社会の発展は次の時代を作る若き子供達の心の裡に約束されてゐる、と考えるのが「児童から」を標語とする近代の教育であった。しかし子供は子供達自身から何を自由に発展することができるであらうか。子供を園に生ふる花の如く観るのは美しい思想ではある。しかし朝顔の種子からは撫子の花は咲かない。子供は果して草花のやうに運命づけられた遺伝的存在に過ぎないものであらうか[2]。

このように、城戸は近代教育の大きな流れを形成した児童中心主義思想に疑問を投げかけるのであるが、それは「人間が動物の状態に止まらないで、つねに新しい文化を発展[3]」させてきた要因を、人間の持つ「可塑性」に求め、その「可塑性」に働きかけるのが幼児教育の仕事だと考えていたからにほかならない。

さてそれでは、幼児教育は乳幼児の「可塑性」に対して、いったいどんな働きかけをする使命を帯びているというのか。この点に関する城戸の答えは明確である。教育によって社会を改造していく意図の下、「新しき生活様式の教育的組織化[4]」を図る点に学校の使命があるのだから、こうした大きな社会の現実の中で幼児教育の問題も語られなければならないとして、城戸は以下のように幼児教育の使命を整理している。

幼稚園や託児所もかかる意味で、もとより学校であるが、それが子供の生活環境を改造して行くための教育的計画であるからには、何よりも先づ子供の自然である利己的生活を共同的生活へ指導して行く任務を負はねばならぬ。従って幼稚園、託児所の保育案は「社会協力」といふことを指導原理として作製されるべきもので、幼稚園と託児所との教育はこの原理によって統一されなければならぬものである。[5]

もちろん、こうした形で子どもたちの「利己的生活を共同的生活へ指導」してくことを城戸が強調し、そこにおける教育的働きかけの重要性を強調しているからといって、そこで展開される保育実践が、子どもの思いを無視した保育主導のものでよいと主張しているわけでないことは言うまでもないことである。

2　保育者が子どもの要求を受け止めることと「権威」の関係

たとえば城戸は、こうして「保姆は子供に何を求むべきか」という論文を記した翌月には、「子供は保姆に何を求めているか」という論文を発表しているが、これらの論文をあわせて読んでみると、保育者の「教育要求」と子どもの「活動要求」との接点を、子どもの要求を教育的に組織化していく過程で創造していくことを求める城戸の保育論が浮き上がってくる。

保姆は子供の要求にばかり従っているわけにはゆかぬ。しかし保姆は、子供が自分に何を

求めてゐるかを、知ってゐる必要がある。(6)

このように城戸は、保育実践を進めていくためにも、まずは子どもが保育者に何を求めているかを知ることが重要だというのだが、その答えを「権威」という言葉で読み解いていくところに、城戸らしいところがある。すなわち城戸は、子どもが保育者に求めているものを、次のように説明する。

保姆は子供が家庭の生活から社会の生活へ入る時に求められる新しい権威である。子供は家庭を出て友達と社会を作る。しかし彼等は友達同志の間に権威を求めることはできぬ。彼等は遊びの間にも、遊びを統制する権威を求める。保姆は彼等のために新しき社会的権威としてあらはれねばならぬ。(7)

もっとも、ここまで読んだ段階で、城戸が「権威」という言葉にここまでこだわる理由が良くわからないという人がいるかもしれない。特に、「権威」を「権力」に近い概念として理解し、「権威的」であることを「権力的」であることと同義の概念で理解している人にとってみれば、素直には認め難い主張となるに違いない。

しかしながら、ここで城戸が使う「権威」という用語は、英語のauthority の訳語としての

庭でお辨當

幼稚園だけのしづかなお庭
それは薄ぃトタン塀にかこまれた、
せまくるしぃものですけど
窓下には球根の芽がのぞいてゐます
暖かな南むきの陽なた、風のない初
冬のまひる
幼稚園の一日で一番たのしぃお辨當
誰の御飯からもゆげがたつてゐます
Yちゃんのお菜入れには蜜柑の房が
三つ
お母様のお心づくしを坊やは小さい
指先でつゝいてみました

「幼稚園・託児所めぐりその一　本郷第一幼稚園」
『保育問題研究』第二巻第一号（1938年）の表紙及び口絵より

「権威」であり、それは子どもたちが自然な形で尊敬し、自分の行動に対する承認を自ら求めてくるような、そんな感覚をさしている。そしてこの場合、子どもたちは色々なことができるようになり、「自分で偉くなった」と感じることを、「自分より偉い人によって認められ[8]」ることによって成長を遂げていくのだと、城戸は語っているのである。

つまり、保育実践において保育者が「権威」になるということは、「自分独りではできないものをできるようにしてくれる力」をもった人になるということであり、「自分でできなかったものができた場合には偕に悦んでくれる心」をもった存在になるということであり、そして「いつも自分を思っていてくれる愛」[9]を子どもに感じさせることができる保育者であることを意味しているのである。そしてそのうえで、城戸はさらに次のように保育者の権威について語っていくのである。

子供達に対する保姆の権威は社会的権威としてすべての子供達に認めさせねばならぬが、それには自分の権威だけを絶対の権能として示すのではなく、一人だけではできぬものが互に力を合せてやればできるといふ子供達同志の協同精神のうちに示さねばならぬ。保姆に対する敬愛が同時に友達に対する敬愛となり、完成に対する悦びが協力に対する悦びとなるやうに、訓練することが保姆としての権威を示すことである。[10]

こうして保育者が子どもにとって「権威」となることで、子どもたちの「利己的生活」を「共同的生活」へと指導していこうという点に、城戸の保育実践論の特徴がある。そしてこの場合、こうした「社会的権威」を基本に展開される保育実践は、子どもとの間に「尊厳と敬愛の関係」を構築することが求められ、「命令と服従との関係」は否定されなければならないと城戸は言う。さらにそうした立場から、保育者は「子供達から敬愛され」るための「修養を怠ってはなら」[11]ないと論じていくのだが、こうした姿勢が保育問題研究会における保育実践研究に反映させられていった点が重要である。

3　自我発達に焦点をあてた保育問題研究会の実践と研究

もっとも、保育問題研究会の実践は、城戸幡太郎という一人の研究者の理論を、実践家が忠実に具体化するという形で展開されたものではない。研究会は研究者と実践家が対等な形で参加し、保育実践の具体的場面を素材に保育を論じ、整理していくといった、かなり遠回りな研究方法を選択したのである。

つまり、保育者は実践記録を書き、それをもとに保育者の子ども理解と、指導方法の是非について、研究者と保育者が共同で研究していくという、かなり手間のかかる研究方法を保育問題研究会は選択したのである。

しかしながらそうした研究方法をとったが故に、保育問題研究会の実践研究は、一人ひとりの子どもの内面に深く入り込む点を特徴とするようになる。つまり、個々の子どもの内面に渦巻く要求や葛藤を読み取り、そうした要求や葛藤を、子どもの自我形成につなげるべく適切に働きかけていく、対話的な保育実践を創造する課題を、集団的に追求していった点に、保育問題研究会における実践研究の特徴が存在したのである。

たとえばこうした点を、研究会内に組織された第三部会でとりあげられた「喧嘩とその処置」[12]について検討して見ることにしよう。藍染町方面館託児所の遊戯室で、六歳五ヵ月のみつ子と、五歳二ヵ月の五郎との間で起きた喧嘩の記録である。

場面　お八つの時間が来るのでお片付けの時である、五郎が大積木を三本ばかり持って積木の箱の前まで来る、みつ子も箱の前にしゃがんで積木を入れ様としてゐる。

キッカケ　長いのと短いのを持って来た五郎は短いのを置かうとしてみつ子の足にぶつかる、みつ子は痛がって泣きながら五郎を打つ、五郎も怒ってみつ子にとびついて顔をひっかく。

経過　みつ子はアンアン泣きながら五郎ととっくみ合って喧嘩する。二三人の子供が告げ口に来る。私が側まで行くと男の子（信太郎）が中に入って止めさせ様とする。しかしやめない。子供等はみな集まって来る。

処置及反応　保姆「お相撲ごっこでせう、みんなで見てゐませう。隅っこは危ないから真中で……」と真中ごろまで二人を連れて来る。五郎はしようとするがみつ子はしない。両方の意見を聞く。二人とも答へず。それから子供達に聞く（裁判）。

男の子「両方とも悪いの」

女の子「五郎チャンごめんなさいすればよかった」

保姆「間違ってした時はごめんなさいを云ってあやまるんでしたね。みっちゃんも間違ってした時はゆるして上げるんでしたね」

みつ子も五郎も保姆の云うことにはちっともうなづかない。五郎はみつ子をにらんでちっとも動かない。勿論口も利かぬ。みつ子は「ごめんなさい云はなかったから」と頑張ってゐる。

終結　お八つの時間が来たのでみんなお集まりする。みつ子はみんなの仲間に入ったが五郎は動かぬ。みつ子と五郎をホールに残しみんな入った後で二人共ごめんなさいを云うまでのこしておいた。

みつ子「わざとしてごめんなさい云はない」

五郎　「わざとでない」[13]

保育の現場ではどこにでもある光景だが、研究会ではこうした事例を持ち寄りながら、実践の意味に関する議論を重ねている。

考えてみたら、子どもの「利己的生活」を「共同的生活」へと発展させることを信条とする保育問題研究会が何よりも大切にした研究スタイルが、まさにこうして保育記録を書き、それを持ち寄り、保育者と研究者とで「集団的研究」を展開していくことだったのである。[14]

中でも研究会が重視したのが、「保育記録」をまとめる作業であり、そのために研究会は、内部に「保育記録研究委員会」を組織し、記録を書く意味、記録のまとめ方、記録用紙の体裁等の研究を展開していったのである。「保育記録研究委員会」が保育記録を書く意味をまとめた文章の一部である。

幼稚園や託児所が単なる暇つぶしの為めの機関であれば、其処にあづかってゐる子供達がどんな家の子であるか、更にその子供はどんな性質の子であるかを知らなくても差支えないかもしれない。しかし、それにしても、少くともあづかっているという事実に対する責任は放棄することは出来ないであらう。況んや、幼稚園託児所が何等かの意味で教育活動に参与してゐるとすれば、その対象である処の個々の子供についての知識がなければならないし、又、教育の効果が如何に現はれたかといふ事が常に念頭にあるべき筈である。(15)

重要な点は、ここで言う「教育の効果が如何に現われたか」ということを表現したのが保育記録だという研究会の認識にある。そして、こうして整理された保育記録は研究会の集団討議に付され、あるべき指導の内容が研究されていったのである。

たとえば先の喧嘩の事例では、みつ子が園に来て一年二ヵ月になるのに対して、五郎のほうは入園後二ヵ月にしかならない事実や、「父はヤスリ職、母はブラッシ作り内職で姉二人兄三人妹一人」という五郎の家庭の事情を考える必要性が語られた後、さらに保育者の指導法について、次のような疑問が提示されている。

あの様なキッカケが喧嘩を導き出すことは子供に於てはごく普通であり、それをあやまる—ゆるすの段階まで引き上げる為めに裁判を用ひたことは適当な処置と思はれるが、その場合に頑として五郎が応じなかったことは、彼にとっては非常に真面目なそしてその様なことに馴れてゐない出来事が、お相撲ゴッコに転換され、衆人環視の場面におかれたことに端を発してゐるとも思はれる。[16]

保育者のまとめた保育記録に対して、かなり突っ込んだ議論が展開されていたことをうかがい知ることができるが、こうした形で保育者が子どもと対話する能力を鍛え続けることにこだわった点に、まさに保育問題研究会の真骨頂があったということができるかもしれない。

4　事例研究と理論研究とを車の両輪に

もちろん、いくら保育記録を重視したからといって、事例研究だけですべてが解決すると考えていたわけではない。保育記録をもとにした実践研究を重視する一方で、そうした問題の理論的検討を同時に展開していた点に、実は保育問題研究会の「研究会」としての特徴があったと考えるべきなのである。

たとえば保育問題研究会では、先の喧嘩の事例に関しても、一方で子どもの喧嘩に関する記録を書き、その記録に対する「集団的研究」を進めながら、同時に心理学者の波多野完治による「子供の喧嘩と自我の成立」という勉強会を開いている。

研究会の場では、保育者の書いた記録をもとに、研究者を含めて会員相互で討論をするのだが、子どもの中で起きるさまざまな事象を、保育者の主観性と科学者の客観性とをつなげながら議論していく様子が、興味深い記録として残されている。

乳幼児の喧嘩を、「自我の成立と切り離して」考えてはいけないと語り、子どもが「やたらに人を押したり、ドーンとぶつかったり」といった「身体的な闘争によって」問題を解決しようとする理由を、「子供が自我のうちに、内と外を区別して居ない」ことによるのだと説明する波多野の言葉である。

我々大人の自我は外の自我と内の自我とをもって居る。我々は身体的にはみにくい顔をして居ても心では美しい心情を持つことが出来るし、又、その反対のことも可能である。我々は外の自我をきづつけられても、内の自我を完全に守り通すことが出来るし、又、外の自我は完全にのこりながら内なる自我はほとんど死んだも同様な状態になることが出来る。[17]

こうして自我の内外二重論を展開する波多野は、これを幼児の喧嘩を説明する概念として、さらに次のように解説している。

子供はこの様な内的自我と外的自我との区別がないから、どっちの自我をきづつけられたのでも、これを外的衝突によって解決しようとする。これが喧嘩である。かやうに喧嘩は自我の欲求と自我水準とが成立して来ること、又、この自我の欲求を充し自我水準を維持することがこの年齢になって出来るやうになること。更に然しながら子供等には、他人の立場を考へることが出来ず、このために偶然による自我の衝突の機会が多くなり、又、自我のうちに、内的なものと外的なものとを区別するまでに至って居ないので、総てを外的衝突によって解決しようとするために喧嘩が頻繁に起こると考へる事が出来るのである。[18]

かなり、抽象的な議論である。しかしながら保育者は、こうした研究者の抽象度の高い理論を、具体的な子どもの姿で理解しようとするから、こうした学習が無駄にはならないのである。そして心理学者の語る、「このように喧嘩は自我の著しい成立を機縁として居るのであるから、これをたんにひきとめた位ではけっしてなくならない」という言葉を聞きながら、具体的場面での対応に思いをめぐらせ、そして実践し、記録する。そんなことを繰り返しながら、あるべき実践の姿を追求するという、回りくどい方法論がとられたということなのである。

つまり、保育者の子ども観・発達観・保育観を確かなものにする学習を一方で展開しながら、そのもう一方で子どもの姿を徹底的に観察し、一人ひとりの子どもの要求を理解する努力を求めていく、そうした回りくどい実践研究の方法を戦前保育問題研究会は選択し、追求していったということなのである。

その場合、保育者と子どもの間に、あるいは保育者同士の間に対話的関係を構築していくうえで何よりも大切にされたのが保育記録であった。保育記録は「教育上の責任であり、幼児理解の出発点であり、保育研究の基礎」(19)であると保育問題研究会内部でも位置づけられていたように、保育者と子どもとの間に対話的関係を作り出していくための前提条件と考えられていたのである。

5　保育案研究委員会を中心に展開された保育案に関する研究

さて、それぞれの子どもの自我発達にかかわらせた実践研究を進める一方で、保育問題研究会は組織をあげて保育案の研究に取り組んでいくことになる。

従来の幼児教育は児童中心主義の教育思潮から幼児生活（遊びの生活）を重視するあまり、一日の保育生活日課を作ることは幼児の遊びを妨げるものであり、不必要ではないかといふ意見も一部の人々には称へられてゐたが、児童中心主義が批判されて教育を決定するものは児童よりも社会であると考へられて来てゐる現在、又身体の健康な児童をつくることが児童保育の重要な目的の一であることから考へても幼児の基本的習慣を基底とする保育日課を実践させることは必要である。[20]

保育問題研究会の保育案に関する研究は、こうしてまず「保育日課」に関する研究から進められていき、やがて一九三九（昭和一四）年になると保育案研究委員会によって提案された「保育月案形式」にしたがって、保育案の作成・検討作業が進められている。

『保育問題研究』には戸越保育所で作成した保育案が紹介され（**表5**）、それをもとに議論が展開されることになる。保育案研究委員会の提示した「月案形式」は、「基本的訓練」「社会的訓練」「生活教材」「主題」と保育項目を四項目に分類した構造になっているが、実際にはかなり「基本的訓練」と「社会的訓練」に重点をおいた内容になっている。

これは、「幼稚園、託児所の保育案は『社会協力』ということを指導原理として作製されるべきもので、幼稚園と託児所の教育はこの原理によって統一されなければならぬものである」と主張する城戸の考えを反映したものと考えられるが、それと同時に、保育問題研究会に集まった保

表5　戸越保育所保育案（1939年4月）

（幼児数　16人
保母数　2人）

項目＼目標		目標	第三集	第四集	整理
基本的訓練	清潔	鼻かみ 手洗 うがい	鼻かみ かみ方 紙の捨方	手洗い うがい水 の使い方	鼻かみの習慣未だつかず 水の使い方乱暴 うがい不徹底
	食事	残さない こぼさない	残さず食べる	こぼさぬように	残さず食べることの意は分る こぼす事注意足らず
	排泄	便所の使い方	便所ですること	はね返さぬよう戸の開け閉め	使い方大部はよく出来る 戸の開閉不徹底、混雑す
	着衣	上着、靴の「脱ぎ着」	上着脱着	同	毎朝、夕繰り返すので大分慣れる
	睡眠	休養の姿勢	仰臥 手を腹	同	姿勢のとり方は皆わかる
社会的訓練	規律	携帯品整理 片附け	朝と帰りの支度 （自分の置場）	順番、片附け椅子のかけ片持方	自分の置場は二、三名のみであいまい、椅子の扱い方もわかる 片附け順番はなかなかできない
	社交	挨拶	おはよう さようなら	同	皆喜び元気よくする
生活教材	観察	保育所内	所内 名称 何する所か	さくら チューリップ	
	談話	返事 自分の名	ハイ 先生の名	自分の名を云う、友達の名を知る	返事、自分の名、先生の名は完全に云う 友達の名は大半あいまい
	作業	道具の扱い方	クレヨン 折紙 使い方	ハサミ使い方	
	音楽	リズム取り方 レコードを聞く	拍手でリズムをとる （レコード）	同唱歌 「チューリップ」	リズムはレコードにより割合よくとれる 唱歌、楽器なきため調子外れる
	遊戯	行進、手をつなぐ 円形を作る	一列行進 手をつなぐ	同 円形を作る	行進の時間隔とれぬ、ホールの円形の上にのれば形できる
	運動	遊具の使い方 姿勢、歩き方	歩き方	ブランコの乗り方 同	ブランコ興味をもって練習、歩き方リズムに合わぬ子大部分足、手の振り方悪し
主題			保育所の生活に慣れること		

出所）『保育問題研究』第3巻第7号（1939年7月）より作成

育者たちが相手にする子どもたちの多くが、「基本的訓練」（基本的生活活動）と「社会的訓練」（集団づくり）に関する教育を必要としていたことが、その背景に存在したと考えられる。

実際、保育案の第一項目に掲げられた「清潔」「食事」「排泄」「着衣」「睡眠」の指導に関わる「基本的訓練」に関しては、山下俊郎をチューターに迎えた保育問題研究会第二部会でかなり精力的に研究されてきた経緯があり、その成果は保育案の作成にも反映されている。

戦前保育問題研究会の研究活動について研究を進めてきた松本園子は、「年齢的にもより幼いときから受け入れ、長時間の保育」を余儀なくされていた「託児所保育の大きな部分を基本的生活習慣の援助が占めていた」現実から考えると、保育問題研究会が基本的生活習慣の共同研究を推進したことは「画期的なことであった(21)」と述べている。

こうした研究には山下ら研究者の果たした役割が大きかったといえるが、保育者主導の権力的しつけ保育として展開しがちな基本的生活習慣形成の課題にも、保育実践記録の検討という方法をとったところに、保育問題研究会のユニークなところがある。

第二部会で議論に付された「食事行動の記録」のレポートと、その議論の記録である。

龍泉寺方面館　志田良子

今年七歳の女の子で恵美ちゃん

家が大変貧しい為御昼の御弁当は給食してやりました（栄養食の給食は乳児と年少組の子

供にやるので普段の時は年長組は給食していない）　小さい組の子の様に食器に盛ってやり召上れと云っても仲々箸をつけない。「早く召上がれ」今度は身体をくねさせて先生の顔を時々ちらっと見ながら矢張箸を付けない。御友達が半分程喰べたころになると喰べはじめるが一寸恵美ちゃんと先生の視線が逢ふと恥し気に身体をくねらせる。こんな様子が三日程つゞいたので今度は持主のない御弁当箱に御飯をつめて恵美ちゃんの机の上においてやる。恵美ちゃんは御部屋に来て一寸意外な顔をしたのでそしらぬ振をしてゐるとだまってふたをあけた。いただきますの御挨拶をすると平気で喰べ始めた。先生はなるべく恵美ちゃんを見ない様にしかしそれとなく注意してみてゐたが少しも外の子と変りなく楽しげに食事をしてゐる㉒

こうした食事場面のレポートに対して、部会で討議が行われている。さまざまな意見が出されたあと、「仲間と違った食事をする事によって、劣等感を持つ事のない様に仕向ける事が大切」とまとめられたという。

たかが食事の場面といえばそれまでだが、訓練と強制の論理で食事の指導をするのではなく、ここでも対話的な関係を維持しようとした点に、保育問題研究会の保育研究の最大の特徴がある。

保育問題研究会の実践と研究は、こうした地道な研究の積み重ねによって、量的にも質的にも発展させせられていくはずであった。そして、先の保育案に関しても、「主題」に関する研究を含めてトータルに展開されるはずであったが、時代は戦争へと一直線に進んでいき、保育問題研究会は一九四三（昭和一八）年六月に活動停止を余儀なくされることになる。わずか五年ほどの歴史であったが、一人ひとりの子どもの内面世界とていねいな対話を試みた保育問題研究会の歴史の中に、対話的保育カリキュラムの確かなルーツを私たちは見出すことができるのである。

〈注〉

（1）たとえば森上史朗は、倉橋について「子どもとじかに触れ合う経験のなかから子ども自身のもっている力を実感し、彼独自の子ども観、保育観を形成し、それに立脚した幼児中心主義の保育理論を展開」したと論ずる一方で、城戸の保育論を以下のように評している。「倉橋らの主張はあまりに童心賛美的でありすぎると批判し、もっと現実に密着した保育を探究しようとするグループがあらわれました。一九三六（昭和一一）年には『保育問題研究会』が結成され、その会長である城戸幡太郎は『社会中心主義の保育』を提唱します。」（森上史朗編『保育原理』ミネルヴァ書房、二〇〇一年、一六六‐一六九頁）

（2）城戸幡太郎「保姆は子供に何を求むべきか」保育問題研究会『保育問題研究』第二巻第二・三号、一九三八年、二頁

（3）同前

（4）同前、四頁

（5）同前
（6）城戸幡太郎「子供は保姆に何を求めているか」保育問題研究会『保育問題研究』第二巻第四号、一九三八年、二頁
（7）同前
（8）同前、三頁
（9）同前
（10）同前、四頁
（11）同前
（12）保育問題研究会は、「保育の基礎的な問題」を研究する第一部会、「幼児の保健衛生」を研究する第二部会、「困った子供の問題」を研究する第三部会、「自然と社会に関する観察」を研究する第四部会、「言語」に関する研究をする第五部会、そして「遊戯と作業」に関する研究をする第六部会という六つの部会を基礎に研究を展開している。部会は一九三八（昭和一三）年に「保育関係の政策的諸問題」を研究する第七部会が組織され、最終的には七つの部会で研究が進められることになる。
（13）三木安正「喧嘩とその処置（1）」保育問題研究会『保育問題研究』第二巻第八号、一九三八年、二五‐二六頁
（14）保育問題研究会は『保育問題研究』第二巻第二、三号で、「研究の質的向上のために」という

タイトルを付した幹事会声明を出しているが、その中で「自覚した保育者と象牙の塔を出た学者とが、集団的研究方法によって固く結ばれ、保育の問題を科学的に解決するために熱情を打ち込んで」いる所に、研究会の独自性があると整理している。

(15) 保育記録研究委員会「保育の記録作成について」保育問題研究会『保育問題研究』第二巻第一号、一九三八年、二六頁

(16) 三木前掲(13)、二六頁

(17) 波多野完治「子供の喧嘩と自我の成立」保育問題研究会『保育問題研究』第二巻第六号、一九三八年、一八頁

(18) 同前

(19) 保育記録研究委員会前掲(15)

(20) 第一部会「一日の保育過程の問題」保育問題研究会『保育問題研究』第二巻第四号、一九三八年、一五頁

(21) 松本園子『昭和戦中期の保育問題研究会』新読書社、二〇〇三年、二〇一頁

(22) 同前、二〇八‐二〇九頁。なおこの資料については、謄写印刷B４版で阿部和子が所蔵していたものを同書に掲載したと記されている。

第3章

大自然との対話を追求した家なき幼稚園の実践

1 「大自然の世界」との対話を重視した家なき幼稚園の実践

倉橋の展開した誘導保育論も、保育問題研究会の実践研究も、そのいずれもが子どもの活動主体性と保育者の教育主体性の接点を創造しようとしたものであった。そういう意味で、これら二つの理論と実践は、対話的保育カリキュラムのルーツと考えることができるのであるが、戦前保育カリキュラム論を考えるとき、あと一つ、検討しておきたい保育実践がある。

「家なき幼稚園」というユニークな名前を冠した幼稚園の実践を展開した橋詰良一（せみ郎）に代表される、自然との対話を重視した保育カリキュラムの実践がそれである。毎日新聞の教育記者をしていた橋詰が、「家なき幼稚園」の創設を思いついたのは、一九二一（大正一〇）年の夏に毎日新聞社の命を受けて行ったヨーロッパ視察旅行から帰国した後のことだったという。

外遊途上からの病気をもって帰ってから、凡そ三ヶ月ばかり家に引籠って居る間に、毎日々々九人の子供と大人が小さな家庭の中で、それぐ〵の生活を営んで居る間に、どうしても、大人の要求希望と子供の要求希望とが一致するものではない、寧ろ非常に大きな隔たりをもってゐるものであることを明確に知得すると同時に、大人と子供とを雑居させて置くことは雙方の間に損失のみあって、利益のないことを感じました。[1]

ヨーロッパから帰国後の自宅療養の期間中、男四人、女五人、計九人の子どもたちと過ごしている間に、「子供は子供同志の世界に住まはせるが何よりの幸福だ」[2]と思いついたのが、直接のきっかけだというのである。

面白いのは、ほとんど素人の思いつきで、この「家なき幼稚園」が設立された点である。そしてこれまた素人の発想で、園舎のない幼稚園を考えついたというのである。

大阪市民生局がまとめた『保育所の歴史』には、「家族制度と家屋という二つの『家』から完全に子どもを自由にするため、園舎を持たない幼稚園の構想にとりくんだ」[3]と整理されているが、実際にはもう少し素朴な感じだったのだろう。

橋詰が「設立趣意書」に記した一節である。

家はなくても幼稚園はできます、生き〳〵した保育の方法を考へて行きましたら家に囚われた幼稚園よりも、家のない幼稚園の方が幼児にとって仕合せかもしれませぬ。

家のあるために其の家にばかり閉ぢ込められたり、箱庭のやうな運動場にばかり追ひこまれて滅多に野へ出ることも山へ行くことも出来ないやうな大阪あたりの幼児は不仕合せです。[4]

このように考えた橋詰が、幼児たちが「子供同志の世界」を作る場所を、「大自然の世界」に求めたのは、おそらく橋詰の直感のようなものだったのだろう。そしてそれは、彼自身の幼少期の体験も含めた身体感覚が、子どもが最も集中し、心地よく生活する空間として選択させたものだったにちがいない。

子供同志の世界をつくるのに最もよい所は、大自然の世界です。広い〳〵野の中、森の下、山の上、川のほとり、其のどこへでも子供を集めて、子供の愉快なやうに遊ばせたり歌はせたり、走らせたりしてやりさへすれば、何の手間もなしに自然の子供の世界が出来ます。そして、この方法は如何なる國にも、如何なる民族にも、すぐに実行出来ることで、最も完全な、無難な良案です。[5]

このように「大自然の世界」のもつ教育力に着目した橋詰は、この大自然を利用する保育法について具体的な「実行案」を作成し、理想の保育を構想していくことになる。この「実行案」にまとめられた素人っぽい発想の数々は、「常識」的でないだけに、読んでいても面白い。そしてこの、「ひらめき」に基づきながら、当時においては、世界的にも例を見ないユニークな実践を作り出すことになっていったのである。

「家なき幼稚園」の実行案

一、「家なき幼稚園」に入園する児たちは御道具として「小さな三脚椅子」一つだけを準備すれば宜しいのです。時によって御弁当も要ります。

一、園児は毎朝家に待って居ればよろしいのです。

一、先生は折々順序をかへて家々へ児たちを誘ひながら路上保育（唱歌、行進）といったやうなものを実行します。愉快に話しながら歩くのもよろしい。（これが毎日の家庭訪問にもなります）

一、皆が揃ったら自然の保育室で自由保育を行ひます。

一、自然の保育室とは呉服神社の森、猪名川の木陰、大光寺の林、城山の平地、室町の町々、周囲の野原、至るところに御座います、そこに三脚椅子を並べさせて好きな保育をするのです。

一、木の実も草の葉も花も、蝶も、魚も、真に神様から下さった児たちへの恩物です。鶯の声も蛙の歌も皆んな児たちを遊ばせる神様のコーラスです。

一、暖かい日にも、寒い日にも浸りながら大自然の懐を占有して何にも妨げられない自由なく保育を先生にして頂かうといふのです。

一、謂はゆる幼稚園ではないのですから規則に囚はれることもないでせう。時間も定めなければ休みも定めませぬ。

一、雨が降れば休みです。寒さが強くても休みです。暑いときにも休みます。然し御座敷でも貸して頂く家があったら直ぐ開きます。

一、或建物を折々は貸してもイゝと仰しやって下さる方もありますがテントぐらゐ建ててもよろしい。

一、斯うして純真な自由保育を自然保育室に試みたいといふのです。

一、従って斯んな保育に適した先生が欲しいのです。先生は幼稚園の全部です。そして児たちは先生の全部です。

一、當分は月謝を月に三圓ぐらゐにしたいとおもひます。(6)

最初に立てた「実行案」のうち、「三脚椅子」は「四脚椅子」に変わり、集合のための小屋を立て、そして移動のために車を使うようになりはするものの、基本的にはこんな雰囲気で実践は展開されていったのである。

2　家なき幼稚園の保育六項目

かくして、「大自然」との対話的関係を中心に子どもたちの生活を組織する、新しい試みが関西を中心に始められていったのであるが、ここで橋詰が求めたのは、徹底した「子供同志の世界」の創出ということにあり、そうした「子供同志の世界」をつなげるものが、「大自然の世界」だったわけである。

もちろん、いくら「大自然」との関わりを大切にしたからといって、ただ自然の中で遊んでいたというわけではない。「家なき幼稚園」の「保育項目」について橋詰は、これまた独特の言い回しで次の六項目に整理して説明している。

歌へば踊る生活
お話しをする生活
お遊びを共にする生活
廻遊にいそしむ生活

手技を習ふ生活

家庭めぐり

最後の「家庭めぐり」も含めて、それぞれの内容が、ユニークなのである。

たとえば最初の「歌えば踊る生活」は、子どもたちは「歌へば必ず踊ったり跳ねたりするやうになって居る」という視点から実践されたということであるが、屋外で活動するわけであるから、楽器には苦労した感じである。

家なき幼稚園本部前の集合点で

小さい科学者…めいめい虫眼鏡を手にして
橋詰良一『家なき幼稚園の主張と実際』（1928年）より

最初は「ベビーオルガン」を保姆車に積んで出た

ものですが、「ヴァイオリン」を考へてみたり、「ハーモニカ」を考へてみたりしましたが、ナカ〱困難です。池田では小さな卓上オルガンを車に積んで長らく使用して参りましたが、近頃では保姆車の中へオルガンを私が工夫して取付けて其のまゝ弾かれるやうにして見ました。その上へござも雑物も積込んで行きますが便利なやうです。[7]

手技に関してもユニークで、もっぱら「保姆としての教育をうけた女性でなければ迚も出来ないと」[8]考えられていたこの項目を、「自然物利用」の「恩物」という考え方で実践していったのである。「クレオンの自由画に自然物を結合」したり、「松の皮」をいろいろなものにみたてて作品を作ったりと、「大自然」の中で見つけたさまざまな「恩物」を、子どもたちは作品に仕上げていったという。

そんな子どもの様子を記した、保育者の記録である。

> 自然恩物を使って好きなものをつくらせました。
>
> クローバーの花、葉、ヒメジオン、ツバナ、トウバナ、ミヤコグサ、ササ等を使って、面白いものが出来ました。材料は銘々勝手に採集して来るのです。
>
> 初子さんは、クローバーの花や、ツバナの穂、ヒメジオンの葉等で乳母車をつくりました。中には赤ちゃんも乗って居ります。

定雄ちゃんは、トウバナの花とクローバーの葉と、茎とヒメジオンの葉とで、お馬をつくりました。

桂子ちゃんは、クローバーの花で自動車。

〔中略〕

こんなに野に咲いて居る草で、どんなものにもせよ、自分で形をつくって見るといふことはほんとに面白いことだと思ひます。

子供達は、花、葉、茎等、その形をたくみに利用して工夫します。「これ電気や」ってミヤコグサの花をさゝれて、あら、ほんとに……と私達の方が驚かされます。(9)

とこんな感じで、すべての活動を「大自然」に関わらせながら展開していくのであるが、保育者が子どもと一緒に工夫していく姿、発見していく姿が面白い。このような形で驚きを共有し、発見を共有しながら日常の保育実践が展開されていくことそのものが、当時の実践にしてはユニークで、個性的だったのだろうと思われる。

こうした特徴が、最も鮮明な形で表現されているのが、「廻遊にいそしむ生活」である。何しろ、そのために園舎の無い「家なき幼稚園」を創設したわけである。「自然に親しむ事も、自然を観察することも、すべて此の項目」がねらっていることだとする橋詰は「廻遊にいそしむ生活」には、石つみ、魚つり、水あそび、土ほり、草つみ、虫とりといった活動から「鳥の聲を聞く」

活動に至るまで、多様な活動が含まれると記しているが、これが「自由なお遊び」(10)を中心に取り組まれる「お遊びを共にする生活」と絡み合いながら、実に多彩な実践として展開されているのである。自然との関わりについて記した、保育者の記録である。

四月二十六日「ひばりは歌ひ蝶々はおどる春の野原を歩くもうれし」此の童謡を今日広い野原を廻遊しもってくり返し〳〵歌ひました。「チイ〳〵〳〵」と空高くさへずる聲を一番先き気付いた延ちゃんは「ヤアヒバリがうたってる」皆んなは一緒にそのいゝのどかな空の有様を伺ふ事が出来ました。

黄色いナタネには白い蝶々がひら〳〵舞ってゐる、やっぱり野原は私共のものだと大きな気になり子供たちにも話してやりました。レンゲは数知らず道の両側にビン〳〵咲いてタンポポも勢よく立ってゐる有様を見た子供たちはぢっとしてはゐられず一心に摘みはじめ、ぼんさんや、女中さんの付添は見る間に花たばが出来そうなぐらゐどっさり持って足は十番町のヤキバの方へ出ました。

ヤキバは以前と変って火葬場の立派な建物が出来る準備中で桃畑だった處が敷石など置かれ、石橋などかけられ全く見ちがへてしまひました。橋の下の溝には水も何も有りません。子供たちは好いトンネルが有ると云ふ様子で皆んなで列をつくって、いたづらっ子が先頭に「ピー」と長い汽車が出来て、いつまでも〳〵遊びました。危なければ止させますが、子供の世界にはこれが一番愉快な遊びだなーと思ひやり、一緒に走りまわりました。[11]

こうした保育者の記録を読んでいると、子ども達の周囲に、自然に溶け込む形で流れていく、心地よい時間と空間が保障されていることに、改めて驚かないではいられない。大正の終わりから昭和のはじめにかけての実践である。

3 「若き女性」と「素人主義」の保育者論

重要な点は、こうして「大自然の世界」との関わりを、幼稚園という場で、保姆の手によって実践することの意味を、橋詰がどう考えていたかという点にある。特にその中で、保育者の役割を、つまり保育者の専門性をどのように位置づけていたかという点が大切になる。

実は、この点でも橋詰の議論はユニークであった。保育者の専門性に関連して、橋詰は明確に「素人主義」の原則を語り、それゆえに「若き女性」こそが保育者に最も適していると論じているのである。

橋詰は「素人主義」を標榜する理由として、素人には保育に対する「因習」がないし、そのことが保育に関する「何等の伝統にも囚われる不自由が」ないという利点を生み、そして「知らざるを知らざるとし、他に問うことを恥としないだけの謙虚さ」があることが大切なのだと述べている[12]。そしてその条件をもっているのが、女学校を卒業した程度の「若き女性」だというのである。保育者を「若き女性（むすめ）」に限定する理由を、橋詰は以下の四点に整理して説明している。

1　むすめの純情が幼児の神性と相触れるとき、神壇に於いてのみ見ることの出来るやうな気高き心華の閃きが双者の間から発生しますから
2　その心火の各自に反映するときに自らの心性浄化が望まれるから
3　若き女性でなければ大自然の中を子供と共に駆け廻る愉悦を持ち得ないから
4　男子の子供好きも保姆とするに適する場合はあるが、幼児に直接する愛護者としての本性は何うしても女性に限るから[13]

これら四つの理由が、「若い女性」でなければならない理由として説得力があるかどうかという点になると疑問もあるが、むしろ重要なのは先の「素人主義」であり、さまざまな先入観や偏見から最も自由で、子ども達の発想を最も素直に受け止めることができるのが、女学校を出たばかりの「若い女性」だという点にあったのだろう。

もっともそうはいうものの、こうした若い保育者たちが、ただ自分たちのカンやコツで保育していればそれでいいと橋詰が考えていたかというと、それはそうではない。他園の参観を奨励したり、奈良女子高等師範学校保姆科に「留学」する機会を保障したりして、「大いに読書し、大いに修養しなければならない」[14]ことを保育者には求めたという。

そうした中で特筆すべきことは、保育者に日記帳を持たせ、「明日の心づもり」と「その日の所感」を書き付けることを、「唯一の義務」として課した点だろう。橋詰が「純情発露の日記」と呼ぶこれらの保育記録は、子どもの心の動きを共感的に受け止める記録となっていると同時に、子どもの発達を感じ取る、保育者の対話能力の記録となっている。短い記録を、一つだけ紹介しておくことにしよう。

水のおもちゃ　　宣子

雨上りのカラリとした日でした。小川の傍で敬ちゃんがじっと踞って川の中を熱心に見ています。何を見ているのだらう、と思ってそっと後ろへ立って見ました。川の中程に一本のクローバが根元だけうまく石に引掛って茎と葉先が水の流れになぶられ乍らゆらゆらしてゐます。面白いもので私も一緒に並んで見ていました。そしたら敬ちゃんが「先生これ水の玩具や」と感心し乍ら教へてくれました。[15]

こんな形で、子どもたちの中に生じる小さな「物語」が、保育者の手によって共感的に綴られている。

橋詰が意図したかしなかったかは別として、こうした記録を書くことによって保育者は、子どもというものを深く理解することができるようになっていくのだが、それと同時に保育者としての自分が、子どもたちの何を大切にしようとしているのか知っていくことになるのである。

そしてそういう意味で、子どもの内面の動きを共感的に記録していくことは、対話的保育カリキュラム創造の前提となっていくのだが、「家なき幼稚園」ではそうした実践が、自然のうちに展開されていたのである。

いずれにしても「家なき幼稚園」は、子どもたちが「大自然の世界」に溶け込み、その一部になることができるような時間と環境を保障された幼稚園であった。たとえばそれは、レイチェル・カーソンが『センス・オブ・ワンダー』の中で論じた自然と子どもの関係を、幼稚園という場で保障しようとした、そんな実践だと意味づけることができるであろうか。子どもたちが自然と対話的に生活し、そこで発見したり、驚いたり、不思議に思った世界に保育者が共感的に対応する……。そうした対話的保育カリキュラムの一つの形が、大正から昭和初期の段階で、すでに実践されていたことを大切にしたいと思う。

4 対話的関係を追求した戦前保育実践から学ぶもの

さて以上見てきたように、戦前日本で展開された保育カリキュラムの理論と実践の中には、対話的保育カリキュラムのルーツとして位置づけることができる、いくつかの大切な流れが存在していたことを理解することができると思う。

一つは、「利那的」で「断片的」に展開される子どもの生活を、「真の生活興味」へと「誘導」していくことを重視した倉橋の「誘導保育論」に代表される実践の流れ。もう一つが、子どもの「利己的生活を共同的生活へ指導」していくことを重視した、城戸と保育問題研究会に代表される実践の流れ。そしてあと一つが、子どもと自然との対話的関係を重視した、橋詰の「家なき幼稚園」の流れである。

たとえば倉橋の主張した誘導保育論は、計画は大まかに立てておくだけで、実践は子どもと保育者の対話的関係を基礎に創造していくことを大切にしていた。もちろん実践を効果的に展開するためには、保育者の「創造性と生活性」が鍵を握ることになっていくのだが、活動が開始された段階では実践がどのように終結するかわからない保育実践が、子どもの創造性と保育者の創造性を絡み合わせながら自由に発展していくオープンエンドな保育カリキュラムが志向されていた点が面白い。

もっともこの時点でこうした実践の展開過程を、倉橋らがカリキュラムという用語で整理していたわけではないのだが、それでもたしかにここには、保育者と子どもが「未完のシナリオ」を共同で書き上げていく、そんな営みが意識的に追求されていた点は重要である。そしてそうした点を考えると、「保育者と子どもが創造する教育経験の総体」として保育カリキュラムを創造しようとした対話的保育カリキュラムのルーツの一つが、ここに存在していると考えることができるのである。

一方、城戸と保育問題研究会が志向した実践は、子どもの「利己的生活を共同的生活へ指導」していくために、徹底して保育の事実を記録することを重視した実践論に基づいていた。もちろん、ここにおいても実践の鍵を握るのは子どもと対話する保育者の能力になってくるのだが、これを保育者のカンとコツだけに頼らなかった点に、保育問題研究会の真骨頂がある。つまり、そこで保育問題研究会が採用したのが、子どもの発達に関する徹底した学びと、保育者が書いた実践記録を徹底討論する「集団的研究」という方法だったのである。

ここには、保育記録を媒介にして、保育者同士の対話的関係を促進すると共に、保育者と子どもの対話的関係を重視する姿勢がある。と同時に、保育問題研究会第五部会で進められた「話し合ひ」「語り合ひ」の研究に見られるように、子ども同士の対話的関係についても研究が進められていた点は注目に値する。

もっともこの「話し合ひ」と「語り合ひ」の実践に関しては、実際に「共同研究としては充分に進んだとはいえない」[16]という評価があるものの、子ども同士の対話的関係を考えるうえで先駆的な研究が展開されたことはたしかな事実である。

そして三つ目に検討した「家なき幼稚園」の実践も、戦前における先駆的な取り組みとして、重要な意味を持っている。たしかにこの実践は、日本の保育実践の歴史において、けっして一般的な実践だったというわけではない。園舎を持たない幼稚園の実践であるから、それが一般化するのは、やはり難しかったと言わざるをえないだろう。

しかしながら、現在デンマークやドイツで広がる「森の幼稚園」を髣髴させる実践が、一九二〇年代に日本で行われていたことには、やはり驚きを禁じえない。

本書の中で、この実践を対話的保育カリキュラムのルーツの一つに位置づけるのには、やはり理由がある。第一の理由は、この実践が、子どもと自然との対話の意味を、明確に位置づけたことにある。先にもふれたとおり、子どもたちは人と対話するばかりでなく、モノとも自然とも対話しながら生きていく存在である。特に自然との対話には特別な意味があり、自然と一体化するくらい深く対話する権利を、子どもたちはもっているのである。そうした自然との対話を徹底的に保障しようとしたカリキュラムとして、この実践は大きな意味を持っている。

そして第二の理由は、子どもと自然との対話を保障しようとする実践における保育者の役割に関する問題にある。たとえば「家なき幼稚園」を創設した橋詰は、保育者の資質を「素人主義」ということばで表現した。そこには、あらゆる先入観から自由になり、子どもの内面と対話することのできる保育者の姿が想定されていたのだが、自然と対話する子どもと向き合う保育実践における保育者の役割を考えるうえで、こうした指摘は参考になる。おそらく現代の保育者は、子どもたちと自然とを出会わせるとき、意識して「素人性」を発揮する、そんな高度な専門性が要求されることになるのだろう。

いずれにしても、戦前期に展開されたこれら三つのタイプの保育実践が、それぞれ独自の視点から、対話的な保育者—子ども関係を追及していた点が重要である。

そしてそういう意味で、優れた保育実践は、単純な子ども中心主義を乗り越え、保育者中心主義を批判し、保育者の教育要求と子どもの活動要求の接点を作るべく、実践創造の努力を重ねてきたというのが実際の姿なのである。おそらくそれは、どの時代にも共通する、保育カリキュラム創造の原則なのだろう。

先に私は、子どもはモノ（自然）と深く対話し、人と心地良く（共感的に）対話し、未来と対話しながら生きていくと整理した。いやもっと正確に言うなら、これら三つの対話能力を、人間として生きていくたしかな力として獲得・形成していくのが乳幼児期という時期だと、保育目標論に関わらせて指摘してきた。

考えてみたら、自然と深く対話することを追求した「家なき幼稚園」の実践と、人や社会との共同的生活を重視した「保育問題研究会」の実践と、そして「未来」と対話すべくプロジェクト的な活動に挑戦した「誘導保育論」という三つの保育実践論は、対話的保育カリキュラムに求められる三つの要素を、それぞれ個性的に追求した実践だったのである。

しかしながら、せっかくこうやって誕生しかけた対話的保育カリキュラムの芽も、第二次世界大戦へと突き進んでいく歴史の流れに飲み込まれ、すべては戦後改革以降の議論と実践に受け継がれることになるのであった。

まだ幼稚園にも託児所（保育所）にも一割程度の子どもしか通っていない、一九二〇年代から四〇年代にかけての実践であった。

（下巻に続く）

〈注〉

（1）橋詰良一『家なき幼稚園の主張と実際』東洋図書株式合資会社、一九二八年、一‐二頁（『大正・昭和保育文献集』第五巻、日本らいぶらりー、一九七八年）

（2）同前、二頁

（3）大阪市民生局『保育所のあゆみ』（民生局報告第一四〇号）大阪市民生局、一九六七年、一七三頁

（4）橋詰前掲書、二四‐二五頁

（5）同前、四頁

(6) 同前、二八 - 二九頁
(7) 同前、四三頁
(8) 同前、一五四頁
(9) 同前、二〇三 - 二〇四頁
(10) 同前、一五二 - 一五三頁。なお橋詰は、「協同のお遊戯」をすることが一般的だった「遊戯」に対して、「自由に選びあったお友だちと自由なお遊びをさせることも大切なお遊戯です」と、「自由生活」としての「自由なお遊び」の重要性を強調している。そしてそうした活動のもつ意味について、「自覚、自衛、自発、互助、互楽」という「五つの要目」が、こうした活動によって保障されるからだと述べている。
(11) 同前、一六三 - 一六四頁
(12) 同前、九頁
(13) 同前、一一頁
(14) 同前、七六頁
(15) 同前、五四頁
(16) 松本園子『昭和戦中期の保育問題研究会』新読書社、二〇〇三年、二四二頁

加藤　繁美（かとう　しげみ）
1954年広島県生まれ
名古屋大学大学院教育学研究科博士前期課程修了
現在　東京家政大学子ども学部子ども支援学科教授
主な著書
『保育の基礎理論』（共著、旬報社、1987年）
『保育者と子どものいい関係』（ひとなる書房、1993年）
『早期教育が育てる力奪うもの』（ひとなる書房、1995年）
『子どもの自分づくりと保育の構造』（ひとなる書房、1997年）
『しあわせのものさし』（ひとなる書房、1999年）
『保育と文化の新時代を語る』（共著、童心社、1999年）
『これがボクらの新・子どもの遊び論だ』（共著、童心社、2001年）
『子どもへの責任』（ひとなる書房、2004年）
『5歳児の協同的学びと対話的保育』（編著、ひとなる書房、2005年）
『対話的保育カリキュラム〈下〉実践の展開』（ひとなる書房、2008年）
『対話と保育実践のフーガ』（ひとなる書房、2009年）　他

装幀／山 田 道 弘

対話的保育カリキュラム〈上〉理論と構造

2007年８月９日　初版発行
2020年８月５日　６刷発行

著 者　加藤　繁美
発行者　名 古 屋 研 一

発行所　㈱ひとなる書房
東京都文京区本郷２－17－13
電　話　03（3811）1372
ＦＡＸ　03（3811）1383
Email：hitonaru@alles.or.jp

印刷／モリモト印刷株式会社